岡原功祐
Kosuke Okahara

自傷する少女たち“存在の証明”

Ibasyo

工作舎

Ibasyo　もくじ

＊――文章中に出てくる薬の服用や効用、副作用については、個人差などもあるため、誰にでも当てはまるものではありません。また、服用を勧めるものではありません。

●プロローグ

「岡原さん、生きていて楽しいですか?」

なぜそんなことを聞くのだろう。不思議だったが、たいして深く考えずに答えた。

「えっ、楽しいよ。好き勝手やってるから将来不安だけど。ははは」

二〇〇四年の八月、ひさびさに母校を訪れた。早稲田大学で教えている友人の西尾雄志と飲むためだ。短期契約の教員である彼と、フリーの写真家である僕は、将来の不安を共有しているせいか、妙に気が合った。そんな西尾の周りに集まってくる学生には、なぜか優等生タイプが少なく、まともに授業に出ていなさそうな若者が多い。ちょうど彼が教えている学生が二人いて、四人で早稲田界隈にある安くてまずい居酒屋を訪れていた。

　生きていて楽しいか、そんなことを突然聞いてきたその子は「かおり」といった。西尾の教え子とは思えない優等生タイプで、人の良さそうな、口数の少ない子だった。

なぜそんなことを聞くのかと返すと、「いえ、何でもないです」と言って黙ってしまった。

その日の夜、かおりから携帯にメールが届いた。

「さっきは突然変なことを聞いてすみませんでした」

「とんでもない。まぁ誰にでも辛いときもあれば、楽しいときもあるよね」

そんな返事をすると、電話がかかってきた。

「さっきは話せなかったんだけどね、私ね、自傷行為しててね、やめられないんよ」

きっかけは、この一言だった。

僕は海外に惹かれ、コロンビアという国に通って撮影をしていた。一方で、日本でも何かを取材したいと考えていた。何を取材したいのか、特に決まったアイディアがあるわけではなかったが、自分の暮らしている国を撮りたいと単純に思っていた。さして深い考えや、高邁な理想があったわけではないが、自分なりに撮る理由がはっきりしていないものは撮りたくなかった。そんなときに出会ったのが、かおりだった。

夜になると鬱《うつ》が酷《ひど》くなるようで、しばしば電話がかかってきた。お節介かとも思ったが、たまにこちらからも電話をした。家が近いこともあり、調子が悪そうなときは、部屋に行くこともあった。コーヒーを飲み、話を聞いた。かおりは「私には居場所がない」と言ってよく泣いていた。

しばらくして、かおりは大学を中退し、実家に戻った。調子が回復せず、大学に通うことが難しくなってしまったからだ。

実家に戻る前に、かおりはこんな言葉を残していった。

「おかちゃん、うつとか自傷行為とかで大変な人、沢山おるんよ」

その言葉が引っかかり、インターネットで自傷行為について調べはじめた。まず、ウェブサイトの多さに驚いた。掲示板などに書き込みをしている人も相当な数だった。mixiというインターネット上のソーシャルネットワーキングサービス（SNS）には自傷行為のコミュニティがあり、そこには三〇〇〇人以上が登録していた（二〇〇四年当時）。書き込みの中には、何となく共感できるものもあれば、理解しがたいものもあった。時には切ったばかりの傷口の写真を載せているものもあり、食事の前後に見たいとは思わなかった。

日本でこのテーマを取材したフォトストーリーは見たことがなかった。なぜ自傷行為をするのか、まずは彼らを知りたいと思った。これは取材すべきテーマなのではないか。日本社会の奥に隠れているものがあるのではないか。それは自分たちにとって大切なことなのではないか、そんな気がした。

しかし、どこで知り合うのか。パソコンの画面とにらみ合いながら考えたが、知り合う機会などおそらくない。となるとネットで探すしか方法はない。正直、ネットでの人探しというのは、「出会い系」のようで気が乗らなかったが、ほかにアイディアが浮かばなかった。

それから数カ月後、オンライン上の掲示板に書き込みをした。

「自傷行為をしている方で、ドキュメンタリーを撮影させていただける方を募集しています」

木部ちゃん

——耳をふさぎ、安らぎをさがす——

最初に掲示板に書き込みをしたのは、二〇〇五年三月のことだった。数日後、一人から連絡がきた。

「掲示板の管理者ですけど、私でよかったら取材をお受けしてもいいですよ」

●

インターネットで「自傷」と検索すると一〇〇万件以上がヒットする。自傷の取材をするために情報収集をしていたところ、たまたま見つけた掲示板がそれだった。自傷行為の原因などについてまったくの無知ではあったが、取材をこれから始めるにあたり、あまり事前に情報を仕入れておきたくはなかった。というのも、写真で彼らの生活を記録することで、見えてくるもの、ほかの人の心に響くものを写すことを目的としたかったからだ。分析は医師や研究者の仕事だろうし、写真家にできることといえば、彼らの存在を認め、それを残すくらいしかないのではと思っていた。

●

メールをくれたのは書き込んだ掲示板の管理者で、「木部ちゃん」と言った。一度会って話がしたいというと快く了解してくれた。木部ちゃんは二六歳で、群馬に住んでいた。二〇〇五年三月末、まだ肌寒さの残るなか、木部ちゃんに会いに行った。浅草から東武線で三時間ほどで、木部ちゃんが住んでいる町に到着する。東京を離れることが少ないため、車窓から見える景色の移り変わりはとても新鮮で、同時に郷愁を誘う。気づくと単線になっていて、のどかな田んぼの風景が広がっていた。目的の駅に着くと、すでに木部ちゃんと思われる女性が駅の外に立っていた。

「すみません、木部さんですか?」

「そうです、そうです。岡原さん?」

インターネットで知り合った人に会うのは初めてで、不思議な気分だった。取材のために会っているわけだが、〝出会い系〟とかいうのもこうしてメールでコミュニケーションを取って実際に落ち合うのだろう。

どんな人が現れるのかきっとお互いに不安だったとは思うが、木部ちゃんは明るく感じの良い人で、こちらの話にもよく耳を傾けてくれた。駅の近くにあったファミリーレストランでコーヒーを飲みながら、取材について話をすると、

「いつでもいいよ。自傷で大変な人たくさん知っているから、私が何か役に立てることがあるならやりたいんさぁ」と、すんなり受け入れてくれた。取材を受ける側が「何かの役に立ちたい」と言ってくれるのは、とてもありがたいことだ。

取材を始めようと思ったきっかけなどを話していると、そのうち木部ちゃんの話になっていった。

「あたしね、二〇歳くらいからずっと自傷してるんだよ」

そういって見せてくれた腕には無数の切り傷の痕が残っていた。

「なんかね、いろいろあってさ、実家がけっこう複雑で、それがストレスになっていったのかな。十九歳のときに中絶して、そういうのも影響しているのかもね」

初対面ということもあり、それ以上突っ込んだ話はせずにその日は木部ちゃんと別れた。本当に人の良さそうな同年代の女の子だった。

木部ちゃんとはその後、電話で頻繁に連絡を取り合うようになった。とはいえ、話すことといえば決まって「最近調子どう?」「元気?」とか、とりとめのないことだった。ただ、時たま木部ちゃんのほうから辛そうな声で電話がかかってくることもあった。

「おかちゃん、また切っちゃったよ」

木部ちゃんの実家はいろいろと複雑な事情を抱え、何かあるたびに木部ちゃんのうつ状態は酷くなり、自分の体を傷つけていた。その場にいて話しでもすれば少しは木部ちゃんの気晴らしになったのかもしれないが、東京から群馬まで夜中にすぐ行くこともできず、電話でひたすら木部ちゃんの言葉に耳を傾けることしかできなかった。時には呂律のまわらない状態で、「おかちゃん、くすり、たくさん飲んじゃって……」と電話がかかってくることもあった。オーバードーズ。余りに過度なストレスがかかると、すべてイヤになり薬を飲んで意識を失う。精神科に通う木部ちゃんは、飲まない薬を部屋の隅に溜め込んでいた。幸い、近所には木部ちゃんのことを理解している友人がいたので、そういったときはその友人に連絡するのが良いのではないかと伝えた。それでもなんだか不安がおさまらず、「友達に連絡したら、またこっちにも連絡してね」と念を押した。律儀な木部ちゃんは、電話を切った数分後には、「おかちゃん、友達に電話したからもう大丈夫。救急車も呼んでもらったよ」と電話をくれた。

●

木部ちゃんの家は群馬にある。兄が一人いて、家庭は多少複雑で小さいときに両親が離婚していた。

「小学生のときかな、うちにはお父さんの恋人も来ていたし、お母さんの恋人も来てた。小さいときはそれが普通だと思ってたんだ。でも周りの友達に聞いたら、それは普通じゃないって分かってね。なんだかショックだったよ」

父親はフィリピンバーなどを経営し、何度か事業に失敗したこともあり、木部ちゃんは小さな頃から夜逃げを繰り返す生活を経験してきた。

「お母さんもお酒をよく飲んでいてね、なんかもうめちゃくちゃだったよ」

しばらくして両親は離婚。母親は恋人と一緒にどこかに消えてしまった。

「とにかくお父さんがつくった借金に追われて、何度か夜逃げしたよ。やくざに追われたりね。ほんと怖かったよ」

そんな木部ちゃんの父親は、今もフィリピンバーを経営していた。ただ最近は就労ビザの取得がより難しくなってきているらしく、そちらのほうの経営もうまくいっていないようだった。

●

木部ちゃんの病気には「境界性人格障害」という名がつけられていた。精神病と神経症の間の病気といわれ、思春期または成人期に生じる人格障害だ。インターネット上で調べると、「不安定な自己——他者のイメージ、感情・思考の制御の障害、衝動的な自己破壊行為などの特徴がある」と書かれている。自傷行為をする人の中に、この病気だと診断されている人は多い。

木部ちゃんのうつ病の原因は話を聞く限り、家庭に起因するようだった。

両親の離婚、夜逃げ、やくざが借金を取りにくる毎日、そんな過度のストレスを小学生の頃から受け続けてきたことが、彼女の精神に悪影響を及ぼしているようだった。また、十九歳のときに妊娠中絶をしたことも拍車をかけた。

●

二〇〇五年、四月も終わりにさしかかった頃、友人の西尾雄志とともに鳥取に向かった。取材を始めるきっかけになった、かおりに会いに行こうという話であった。かおりの顔を見ることができるのも嬉しかったが、近くに温泉もあると聞いていたので、それも楽しみだった。ひさびさに会うかおりは、東京にいたときよりも顔色が良くなっているように感じられたが、やはりまだ調子は一進一退のようだった。

三人で会話を楽しみ、街を案内してもらい、かおりの家族も紹介してもらい、旅行を楽しんだ。夜は温泉街のホテルに宿をとり、ビールと露天風呂を満喫した。気の合う友達との旅行というのはなかなか楽しいものだ。ふだん取材以外で東京を離れることがないので、なんとも新鮮な気分だ。そんな素晴らしいセット(友達とビールと温泉)を満喫し、翌日もかおりが街を案内してくれることになっていたので、早めに床につくことにした。

●

良い気分のまま眠りに入り、ふと目覚めると、携帯にメールが届いていた。木部ちゃんからのメールだった。

「もうダメだ。耐えられないや。短い間だったけど、いろいろ話聞いてくれてありがとう」

まるでこれから死にますとでも言いたげな内容だった。慌てて木部ちゃんに電話をかけてみたが、携帯からは「おかけになった電話は、電波の届かないところにあるか、電源が入っていないため、かかりません……おかけになった電話は……」と繰り返し聞こえてくるだけだった。

まさかとは思ったが、いてもたってもいられなくなり、すでに起きて部屋でたばこをふかしていた西尾に事情を説明して、東京に帰ることにした。なにより西尾と二人で来るのを楽しみにしてくれていたかおりに申し訳なかったが、事情を説明するとかおりは逆に心配そうに「お友達、何事もなければいいね」と言ってくれた。

空港に向かう途中、警察に電話をかけた。ただ、木部ちゃんの家の正確な住所を知らなかったので、どうすればいいのか正直分からなかった。

「住所が分からないと困りましたね。でもそのままにするわけにはいきませんから、とにかく何でもいいので分かる情報をください」

と警察に言われて思い出したのは、彼女と初めて待ち合わせをした駅の名前だった。まだ木部ちゃんの家には一回も行ったことがなく、自宅の最寄り駅の名前を聞いたことがあるくらいだった。

鳥取から羽田までは飛行機で一時間十五分。本来一時間十五分で着くと考えると近いと思うべきなのだろうが、いてもたってもいられない状況の人間にとってはとてつもなく長く感じられる。羽田に到着してからゲートまで移動する時間、さらにはハッチが開いてから飛行機を降りるまでの人の列、すべてにイライラしてしまう。モノレール、JR、地下鉄、と携帯電話に表示されたありきたりな最短経路を仕方なく辿り、東武線の出ている浅草へと向かった。

浅草から特急に乗って群馬に向かう最中、警察から携帯に電話がかかってきた。木部ちゃんが運ばれた病院が分かったという。病院の最寄り駅と行き方をメモし、電話を切った。どうやら命に別状はないらしい。一気に体中の力が抜けた。あんなメールを送るのだから、きっと何か耐え難いことがあったのだろう。車窓から見える景色は徐々に変わっていき、田んぼや山が多くなっていった。三月に初めて木部ちゃんに会った日のことを考えていると、電車は目的地に到着した。

駅に着くとタクシーを拾って病院を目指す。鳥取を出たのは朝だったが、すでに日は落ちてあたりは暗くなっていた。救急車で運ばれたのだろうから、とりあえず急患の入り口に行けば何か教えてくれるだろう。受付で木部ちゃんの名前を告げ、病室を教えてもらおうとした。しかし、返ってきたのは意外な言葉だった。

「木部さんならもう退院されましたよ」

一瞬その言葉の意味が理解できなかったが、どうやら木部ちゃんは朝方運ばれてきて、夕方には退院していったということだった。なんだか疲れがどっと出てきてしまった。まあとにかく無事でよかったと、また駅に向かった。すでに東京に戻る最終電車の時間も迫っていた。駅に着き、木部ちゃんに電話をすると、さっきまでつながらなかった携帯が鳴った。

「あ、おかちゃん、どうしたのー?」

正直、怒りがこみ上げてきた。「さようなら」と言っておいて、その次に「どうしたの?」とはどういうことだ。

「いや、なんか明け方にメールの着信あったからさ、病院来たんだけど、もう退院してるって言われて……」

薬の影響がまだ残っているのだろうか、木部ちゃんは少し呂律が回らないまま言った。

「あ、ご、ごめんね……。明け方病院に運ばれてさ、胃洗浄して、それで夕方には退院できたんだ。来てくれたんだ。よかったら今から迎えに行こうか……?」

「いや、無事ならいいんだ。東京行きの最終電車ももうすぐ出るから、ちょっと時間厳しいと思うし。とにかく無事でよかったよ。ほんとびっくりしたよ」

「ごめんね……なんかいろいろあって……ほんとごめん……」

また連絡を取りあうことにして電話を切った。

一瞬こみ上げてきた怒りは、木部ちゃんの声を聞くと落ち着いた。何より丸一日動き回っていた疲れで、それ以上何も考えられなくなっていた。

●

それから二週間後の五月十二日、初めて木部ちゃんの家を訪れることになった。

「家の周り何もないよ」

その言葉どおり、本当に何もなかった。木部ちゃんはいつも原付で移動しているという。駅まで迎えにきてもらい、家に案内してもらった。初めて訪れる木部ちゃんの家は、広い庭が印象的な、平屋の大きな家だった。東京では考えられない広さの庭には何台も中古車が並んでいて、黒光りするベンツも停めてあった。

「あっ、これは父の知り合いのやくざさんの車ね。なんか駐車場代わりにもなってるみたいでさ、うち」

そういって家の中に案内された。玄関にはオウムがいて、木部ちゃんが「ただいまー」と声をかけると、同じことを繰り返す。

「あたし動物好きでさ。ほんとかわいいよ」

玄関のすぐ横にある木部ちゃんの部屋は、昼間なのにカーテンが閉じられていた。

「なんで昼間なのにカーテン閉めているの？」

木部ちゃんの表情が少し曇った。

「う、うん……うちさ、父の借金があるから、やくざがよく様子を見に来るんだよね。借金取り……。怖くてさ、いつも居留守つかってるんだ」

そんな話をしていると物音がした。木部ちゃんがカーテンの隙間から外を確認する。

「なんか今、物音しなかった？」

「うん、した」

「外には誰もいないみたい……。ほんとストレスたまるよ。マジで脅してくるんだもん……おかちゃん、何か飲む？」

そう言って木部ちゃんはペットボトル入りのお茶を持ってきてくれた。会った当初からそうだったが、気のきく人だった。お茶を飲んでいるとまた唐突に喋りはじめた。

「あのさ、さっきやくざって言ったけど、うちに来るのは二通りでね、父が仕事とかで付き合いのあるやくざさんと、あと借金を取りにくるやくざさんと。庭のベンツは父の仕事関係のやくざさんのだよ」

部屋でまったりと、とりとめもない会話をしていたが、ふと気になったことがあったので聞いてみた。

「木部ちゃん、なんで庭にたくさんの中古車が停めてあるの？」

すると木部ちゃんは表情を変えずに話しだした。

「今度はさ、中古車販売始めるってお父さんが言いだしてさ。自分の名前だともうお金借りられないから、あたしが名前だけ社長にならないといけなくなってさ。だから借金も全部あたしの名前でつくられちゃってさ、なんとか儲けないと本当に困っちゃうよ」

父親は借金を返すために中古車販売を始めようとしていた。なんとか車を売ってお金を返さないといけない。大変な状況にもかかわらず木部ちゃんの口調は明るかったが、その表情には影があった。

●

年頃の女性の部屋に上がるというのはなかなか緊張するものだ。とはいえ、木部ちゃんの部屋はなんだか居心地がよかった。そこまで整理整頓された感じでもなく、他人を拒まない雰囲気があった。床には漫画が転がっていて、タイトルを見ると『イニシャルD』と書かれていた。群馬の峠を舞台にした走り屋のストーリーで、学生のころ、車の免許を取りたての友達とはまっていた漫画だ。

「木部ちゃん、『イニシャルD』好きなの？　おもしろいよね!?」

「うん、おもしろいよね。うち、お兄ちゃんが走り屋みたいなことしてたからさー。たまに助手席に乗せてもらったりしてたよ。もうすぐ結婚するんだ。お兄ちゃんはあたしの一番の理解者だし、味方だよ」

きょうだいは兄と、妹の木部ちゃんの二人だけ。その兄はすでに実家を離れていた。ただ、妹のことはいつも気にかけているようで、よく様子を見に来るのだという。

『イニシャルD』の単行本の山の横には薬が大量に置いてあった。

「これは抗うつ剤とか？」

「うん、いろいろだよ。一回に十五錠とか飲まないといけないんだよ。頓服もあって、なんかいろいろ。抗うつ剤もあるし、抗不安剤とか、睡眠導入剤とか、胃薬とか……」

そのあと木部ちゃんが薬の名前を教えてくれたが、どれもどこか知らない国のコトバのように聞こえて、よく覚えられなかった。そんなたわいない話をしていると、木部ちゃんのほうから自傷の話をしはじめた。

「なんかさー、ほんとやらないほうがいいとは思ってるんだ。でも止められないっていうか、落ち込むとやっちゃうんだよね。意識がなくて、気づいたら腕が血だらけってこともあるし……。乖離状態っていうのかな、うつ状態が酷くなるとそうなることがあるんだ……」

それは死ぬためにやっているのかと聞くと、

「自傷は死ぬためじゃないと思うよ。でも本気で辛くて死にたいと思うこともあるのは事実だよ。死ぬ死ぬって言ってる人は死ぬつもりはないって言う人もいるけれど、実際にそうやって死んじゃう人って結構いるんだよ。あたしは何度か本気で死のうと思ったことあるよ。もううつが酷くて、それに家のこととか借金のこととか、本当にいやになってね。庭に生えてる大きな木に首を吊ろうとしたんだけど、でも上手くいかなかった。失敗したあとはただただ悲しくて、辛くなって、ずっと泣いてた……」

本当に自殺する人は「死ぬ」なんて言わない。よく言われる話だ。ただそれは人によって異なるようだ。たとえば自傷行為やオーバードーズを繰り返している人たちは、少しずつではあるが体に負担がかかっていき、ある拍子に本当に死んでしまうことがある。そうやって死ぬ人の数は実は少なくないという。

その木を見たくて、やくざを気にしている木部ちゃんに頼んで、カーテンを少し開けてもらった。木部ちゃんが首を吊ろうとした木は、高さ三、四メートルはあるだろうか。広い庭の隅に、どっしりと立っていた。

「木部ちゃんは、どういうふうになれたらいいと思う？　病気が治るとか、調子よくなるとか。どういうふうになるのが木部ちゃんにとってはいいことだと思っているの？」

「うーん。そうだね。病気治ったらほんと楽しく過ごせるんだろうな。まぁ借金のこともあるけどさ。あとはね、何だろう……」

木部ちゃんは少しうつむいて考えこんだが、顔を上げてまっすぐこっちを見て言った。

「死にたい、と思わなくなるようになりたい」

その言葉が、あまりにストレートで、何も返す言葉が見つからなかった。

●

二〇〇五年五月二二日、夜中、眠れなかった僕は自宅のパソコンで木部ちゃんの日記を見ていた。するとそこには、「社長、始めました」と書かれていた。

木部ちゃんの家の庭に停めてあった中古車の販売を正式に開始したという。なんとか売れればいいなあと思ったが、なんだか不安だった。しかも今回は名目上、木部ちゃんが社長なのだ。

失敗したら木部ちゃんのお父さんではなく、木部ちゃんが借金を抱え込むことになってしまう。木部ちゃんは商売にはほとんど関わっておらず、アルバイトをして家計を助けていた。あるときはバイトで貯めたお金から二〇万円を父親に貸したこともあった。

●

木部ちゃんが社長を始めてから五日後、また群馬を訪れた。木部ちゃんが病院に行く日だというので、病院の最寄り駅で待ち合わせをした。

「病院の周りも何もないよ」

その言葉どおり本当に何もなかった。あったのは一軒の小さな家族経営のレストランくらい。あとは山と畑と……といった景色だ。ただ、東京のコンクリートジャングルの中で生活している者にとってはとても新鮮な光景で、開放感があった。電車で三時間来ただけでこんなに空気が澄んでいるのかと驚く。

病院に着いて受付を済ますと、木部ちゃんは待合室ではなく、喫煙室へ向かった。

「待合室、混んでたでしょ。人が多いところが苦手でさ、パニックも少しあるから」

木部ちゃんはパニック障害も少し患っていた。パニック障害とは、強いストレス、動悸、息切れ、めまいなどによる強烈な不安感に襲われたり、過呼吸に陥ってしまう発作が慢性・長期化したものだ。過呼吸によって意識を失ってしまうこともある。原因も分かっておらず、いつ発作が起こるかもしれず、患っている人はみな「怖い」という。僕の親戚も突然パニック障害を患ってしまい、今は自宅療養中だというのを思い出した。

喫煙室には木部ちゃんと僕を含めて四人だけで、木部ちゃんは気だるそうに煙少なめの細いたばこをふかしている。隣では七〇は超えているであろうおじいさんが、HOPEをふかしていた。

タバコを喫う木部ちゃんの腕には包帯が巻かれていた。

「実は昨日切っちゃってさ……。またお金のことだよ。父と喧嘩してさ。あとおかちゃんに言わなかったけど、また薬たくさん飲んじゃってさ……。なんかもう嫌だよ、ほんと。早くあの家離れたいけど、中古車のこともあるしね、仕事もこんな精神状態だとちゃんとするの難しいし……」

そうやって待つこと数時間、ようやく木部ちゃんの診察の順番が回ってきた。診察室にまでは入ることができず、その間は外にあった白い小さなレストランで待つことにした。しばらくすると木部ちゃんから、「診察が終わった」と携帯に連絡がきた。

駅に向かう途中、木部ちゃんが診察室でのやりとりを話してくれた。

「医者に怒られちゃってさ。なんでまたオーバードーズしたんだ！って。しかも自傷までして！って。もうそんなことするなら診察しないからねって言われちゃったよ。まあそうやって『契約』みたいのをするのは、境界性人格障害の人への治療の基本らしいけどさ。分かってぃるけどヘコんだよ……。仕方ないけどさぁ……」

その日は木部ちゃんが彼女の男友達を紹介してくれることになっていた。その男友達も木部ちゃんと同様に、うつ病と自傷行為に苦しんでいるという。

「その男の子の実家も大変でさ、たまに電話かかってくるんだけど、心配になるっていうか、放っておけないっていうかね」

自身の病気や生活のことでも大変だろうに、木部ちゃんはよく他人を気づかった。男性で自傷行為に苦しんでいる人というのはあまり聞いたことがなかったが、女性に比べて数は少ないといえ、やはりいるようだった。

●

待ち合わせの駅では、その男性がすでに待っていた。Kさんというその男性は二八歳で、四年前に突然うつ病になったという。その駅の周りには二人の言うとおり「何もない」ので少し離れたファミレスまでKさんの軽自動車で行くことになった。

「このあたりは本当に車がないと動けないですからね。僕の車なんて数万円で買った安い中古ですけど、重宝していますよ。稼ぎが少ないからガソリン代とか困りますけどね。今も作業所に通っているだけだから、本当にお金ないし。しかも障害者自立支援法っていうのが施行されるから、今度は作業所に働きに行くのに、お金払わないといけなくなるし。本当に困りますよ」

Kさんは群馬で生まれ育った。二四歳までは心身ともに健康そのものだったという。ある日突然うつ病になり、仕事も続けられなくなってしまった。今は精神科に通いながら、作業所に通い、わずかな稼ぎで生活している。

「僕、結婚していたんです。でもうつ病になって、妻がそれに耐えられなくなってしまって、それで離婚しました」

そんなKさんの腕には、その時その時に入れたという小さなタトゥーが散りばめられていた。

「なんかこんなこと話すと暗くなりますけど、ほんと僕、もう辛いです。うつが酷いと体が動かないし、そんなの甘えだっていう人もいますけど、四年前までは本当に毎日ちゃんと働いていたし、すごく幸せだった。今はお金もないから実家に戻って母と弟と三人暮らしです。弟は二人いるんですけど、真ん中の奴はもう結婚して、ほかの町で暮らしています」

うつや自傷の原因に心当たりがあるのか聞いてみると、Kさんは少し暗い表情になって言った。

「それはまた今度お話ししますよ。そうそう、近くに五〇〇円ですごく大きなハンバーグ定食を食べさせてくれる店があるんです。今度来ることがあったら三人で行きましょうよ。安いし量もあるしおいしいし、きっと岡原さんも気に入るはずですよ」

だらだらと世間話をすること三時間、Kさんに駅まで送ってもらい、そのまま東京に戻ることにした。六月からは数カ月、南米コロンビアに取材に出かける予定だったので、木部ちゃんとは帰国し次第、連絡をする約束をした。

●

コロンビアから帰国した九月。新宿の喫茶店にいると、木部ちゃんから連絡があった。調子は一進一退といったところで、その日も切ってしまったという。その原因は木部ちゃん本人というよりも、その周りにあるようだった。相変わらずお金のことで父親ともめる日々。借金の取り立てに来るやくざ。そしてもう一つ、木部ちゃんを悩ませていることがあった。

「彼氏と、その昔の彼女のことでね……」

木部ちゃんの彼氏と以前付き合っていた女性が、自棄になってオーバードーズをしたというのだ。そのまま昏睡状態になってしまい、なぜか彼女の友人と名のる女から木部ちゃんのところに電話がかかってきた。八つ当たりのようなものだった。

「あんたのせいで、あの子はオーバードーズしたんだよ。あの子があのまま死んだら、あんたが殺したようなものだ。どう責任とってくれるんだ」

どうしようもない木部ちゃんは彼氏に電話をかけたが、納得できる返事をもらえなかったという。おかげで、うつ状態がひどくなってしまった。

「あたしは何もしてないし、何もできないしさ。どうすればいいのか分からないよ。やっぱりあたしは居るだけで人に迷惑かけちゃうんだよ……」

冷静さを失った木部ちゃんの声からは、存在していることへの罪悪感さえ感じられた。

「それはあくまで彼氏の問題であって、木部ちゃんがどうにかできることじゃないでしょう。とにかく傷をちゃんと処置して、今日はもう眠ったほうがいいよ」

それから十五分ほど会話をして電話を切った。

●

夏も終わり、葉の色が変わりはじめた十月のある日、受話器の向こうから聞こえてきた木部ちゃんの声はいつもと違い明るかった。

「ママにさ……ママって義理のお母さんね。お父さんの再婚相手のフィリピン人。赤ちゃんができたんさ。もう男の子だって分かってるんだって。あたしに弟ができるんだよ。ママはすごくいい人で、あたしが自傷行為を止められないのも知ってて優しくしてくれるの。ほんと嬉しくてさ」

木部ちゃんの父親は、自分が経営していたフィリピンバーで働いていた女性と再婚していた。そんな二人の間に赤ちゃんができたという知らせだった。嬉しそうな木部ちゃんの声は、このまま病気が治ってしまうのではないかと思わせるほど明るかった。

「もう五カ月なんだって。何で今頃になって言うんだって感じだけどさ。でも元気に育ってぃるみたいで嬉しぃよ」

暗く沈みがちだった木部ちゃんにとっては、とても明るい話題だった。ただ、やくざに追われる身の木部ちゃんの父親と一緒に逃げている状態の妊婦である。妊娠中に受けるストレスを考えると、無事に出産までたどりつけるのだろうか。木部ちゃんの明るい声を聞きながら、そんな不安が頭をよぎった。

●

師走のある日、年明けにでもまた群馬を訪れようと思い、木部ちゃんに電話をかけた。家が借金などで大変な状況に変わりはなかったが、すんなりOKの返事をもらうことができた。最近調子はどうか聞くと、ペットショップでのアルバイトを始めたとのことだった。以前にも同じペットショップでアルバイトをしていた木部ちゃんだが、少しの間そのアルバイトからは離れていた。店長がまたやらないかと声をかけてくれたという。

「本当にありがたいよ。動物大好きだしね。あ、取材はかまわないけど、昼間はバイトしているから、なんかあまり相手できないけど、それでもいい？」

やくざが借金の支払いの催促をしに来る状況はあまり変わっていないようだった。最近は木部ちゃん一人を残して、父親たちは借金取りから逃れるために家にはあまり戻ってきていないという。

「なんかさ、うち、また自己破産しようとしてるんだよね。でもやくざがそうさせまいとして家をよく見張ってるんだよ。自己破産するにも書類とかいろいろ必要だから、父がその書類とかを取りに帰ってくるのを狙ってるんだよね」

木部ちゃんは家にいても大丈夫なのか聞くと、

「あたしが借金しているわけじゃないからね、やくざも娘と話をしても仕方ないの分かってるんじゃないかな」

電話を切ろうとすると木部ちゃんが最後に言った。

「あ、おかちゃん来るのはかまわないけど、やくざも来るかもしれないからさぁ、それだけ気に留めておいてね」

●

二〇〇六年の正月は、国立競技場にラグビー大学選手権準決勝を見に行った。僕の出身校の早稲田大学は、この年まで本当に強かった。清宮監督の下、連戦連勝。学生相手に負ける雰囲気などまったくなかった。そんなラグビーに興奮しつつも、木部ちゃんのことを考えると、大学に入るだけで立場が変わってしまう世の中が不思議に思えた。ラグビーを見て叫んで、学校ではまともに勉強もしないで卒業できてしまう日本の大学。

名の通った大学に行く、名のある企業に就職する。それだけで区別されてしまう世の中。しかし、名のある大学に行き、名のある企業に就職しても、そういったレールから外れることも簡単。そして一度レールから外れると、生きて行くことさえ難しい。小泉政権誕生以来、障害者自立支援法など、福祉を切り捨てる風潮に世の中が急スピードで動いているのを感じていた。

ラグビーの勝利に酔いしれ、大学の同期と新宿で酒を飲んでいると、横須賀市議会議員で精神保健福祉の問題に取り組んでいる藤野英明氏から連絡がきた。大手製薬会社のヤンセンファーマ社で、統合失調症の疑似体験機ヴァーチャル・ハルシネーションを体験できるように約束を取り付けてくれていたのだ。

●当日、担当者に通された部屋にヴァーチャル・ハルシネーションが運ばれてきた。脳みそに電極でもつけるような大掛かりなものではないかと多少恐れていたが、運ばれてきたそれはサングラスのような機械にイヤホンがついただけのシンプルなものだった。

「このサングラスをかけていただくと、レンズの部分がモニターになっています。イヤホンからは統合失調症の人に聞こえるような幻聴が聞こえてきます」

説明を受け、サングラスをかける。CGでできた喫茶店のような画面が現れた。学生の頃、一人暮らしの友達の部屋で遊んだことのあるテレビゲームの探偵もののような映像だった。喫茶店に入っていくと、マスターから「いらっしゃい」と声をかけられる。すると、感じの悪い声で自分の悪口がどこからともなく聞こえてくる。ふと気づくとマスターにまた客として声をかけられる。と同時に悪口がまた聞こえてくる。疑似体験だと分かっていても非常に気分が悪い。こんな幻聴が普段から聞こえていたらたまったものではない。結局その機械は幻覚というよりは幻聴体験機だった。

●ヴァーチャル・ハルシネーションを体験した翌週、木部ちゃんが落ち込んだ声で電話をかけてきた。

「おかちゃん、ママがね、赤ちゃん死産しちゃったの……」

順調に育っていたが、お腹の中でへその緒が首に絡まり、窒息死してしまったのだという。突然の悲劇に、木部ちゃんの声はひたすら暗かった。死産した赤ちゃんはすでに三五週目。母親のお腹の外に出された赤ん坊はすでに体重三〇〇〇グラム弱、身長も五〇センチになろうとしていたという。

「みんなでお葬式したよ。ママはずっと泣き崩れてたよ。何でこういうこと起こるんだろうね……」

重なる不幸。大変な状況の中にできた小さな希望の灯ははかなく消えていった。

●

それから二週間後、群馬に木部ちゃんを訪ねた。その日はアルバイトが休みだったので、木部ちゃんが駅まで迎えにきてくれていた。真冬の冷たい空気が、人気のない駅をより寂しく感じさせる。

「久しぶり。元気にしてた?」

そういう木部ちゃんこそ元気にしているのか心配になるが、人のことをいつも気にかけている木部ちゃんらしい言葉だった。二週間前の出来事から少しは立ち直ったようにも感じたが、その表情はどこか暗かった。

「あ、今さー父親もママもいないから、ほかに誰もいないし気兼ねしないで過ごしてね」

やくざが頻繁に借金の返済を迫って現れるので、木部ちゃんの父と義理の母は家にはほとんど戻らず、転々と居所を変えて逃げているとのことだった。

「たまに戻ってくるんだけどね。もしかしたら今日あたり戻ってくるかもしれないけど。前にも言ったかもしれないけど、自己破産するのにいろいろ書類とかあるからさあ。やくざもそうさせまいと家を見張りに来るんだよね」

ひさびさに訪れた木部ちゃんの部屋は以前と変わった様子もなく、『イニシャルD』の漫画本が数冊テーブルに置かれ、カーテンは同じように閉められたままだった。

「なんか最近やくざが前より頻繁に来るようになってさ。本当どうすればいいのかわからないよ。父がいないからあたしを脅してくるようになってさ。そういうことがあるとうつ状態も酷くなってさ、もう頭の中ぐちゃぐちゃだよ。それで気づいたら自傷しちゃってたりして……」

毎日のようにやくざが借金返済を迫りにくる生活のストレスのせいで、木部ちゃんの体にはまた傷が増えていた。深く刻まれたそれらの傷は、彼女が受けているストレスの深さを物語っていた。群馬に来る前に読んだネット上の彼女の日記には、こんなことが書かれていた。

――突然鳴る玄関の呼び鈴。静寂を装う。いないふり。また鳴る呼び鈴。ドンドンと鳴る戸を叩く音。静寂を装う。鳴り響く電話の呼び鈴。いないふり。留守番電話に罵倒する声のメッセージ。聞こえないふり。いないふり。いないふり。いないふり。ホントにいなくなっちゃえばいいのにね――

七時頃になり、夕飯を食べにいくことになった。三〇分も歩けばファミレスが一軒あるという。やくざのことを考えると家の外に出てよいものか分からなかったが、

「暗くなったらもう大丈夫なんだよ。たぶんこんな遅くにはやくざも来ないから」

そう言う木部ちゃんと寒い冬の夜道を歩く。ファミレスに入ると、そこには「普通」と形容される幸せな風景が広がっていた。子どもたちが両親と一緒に楽しそうに食事をしている姿、恋人同士が仲良さそうに語らっている姿。どれもこれも見慣れた普通の景色のはずなのに、木部ちゃんが今置かれている状況を考えると、そんな景色でさえ貴重に見えてくる。

何を食べようか迷ったが、結局一番安いハンバーグにライスをつけた。そういえばKさんと

一緒に三人で五〇〇円ハンバーグを食べに行く約束をしていたなと思い出していると木部ちゃんが口を開いた。

「あ、昼間さ、Kさんから連絡があったの。おかちゃん来るよって言ったら、会いたいって言ってたから、食事済んだら電話してみるよ」

Kさんもうつが酷くて大変なようだった。

「それにしてもさ、ほんと早く自己破産しちゃいたいよ。もうやくざが来るの耐えられないもん。今日は珍しく来なかったけどさ。家まで来なくてもそこらへんで見張っているような気もするし……」

食事をしていると、木部ちゃんの携帯が鳴った。

「あ、メール。父からだ。なんか今日の夜中に一瞬帰ってくるって」

自己破産に必要な書類や生活用品などを取りに帰ってくるという。そういえば、死産してしまったフィリピン人の女性（木部ちゃんの義理の母親）はどうしているのだろうかと思って聞くと、

「うん、ママも一緒に逃げてるよ。たぶん今夜、ママも一緒に来るんじゃないかな。あともう一人、ママの友達のフィリピン人の女の子がいるんだけど、その子も一緒だと思う。三人で逃げてる感じ」

もう一人のフィリピン人の女性がなぜ一緒に逃げているのかまでは聞けなかったが、借金と関係があるのだろう。もともと木部ちゃんの父親の店で働いていた女性だという。

つい先日死産したばかりなのに、借金取りから逃げなくてはならない生活とはどれだけの苦痛が伴うのだろう。まるでテレビドラマのワンシーンを見ているような、そんな感覚に陥った。

食事を終え、近くのコンビニで朝食用のパンを買って家に戻る。途中、家が近づくにつれ木部ちゃんが警戒しはじめる。

「この時間だと、やくざはいないと思うんだけどね。やっぱり何か不安でさ」

結局やくざに出くわすことなく、部屋にたどり着くことができた。

しばらくしてKさんが現れた。何個か紙パックに入った牛乳を抱えている。

「最近、作業所を辞めて仕事始めたんですよ。作業所はお金にならないし、障害者自立支援法のおかげで働いているのにお金を取られるようになっちゃったから」

新しい仕事は学校給食用の牛乳の配達だという。

「牛乳がけっこう余るんですよ。どうせ捨てちゃうものだし、もったいないからこうやって少しもらってきてるんです」

そう笑いながら話すKさんは、以前より調子が良さそうに見えた。

「最近はまあまあですかね。自傷行為はたまにしちゃうけど、今は仕事も始めて、僕のことを必要としてくれる人もいるから、なんとかがんばれていますよ」

三人で紙パック入りの牛乳を飲みながらたわいもない話で盛り上がった。恋愛話はみんな嫌いではないようで、あーでもないこーでもないとお互いに好き勝手なことを言い合う。どこにでもあるような二〇代の会話だった。

「そういえば、前に話していなかったんですけど、僕がなんでうつになったかってこと」

Kさんは突然話しはじめた。

「じつはうちの父親、自殺しているんです。借金をすごく抱えていて、それで自殺したんです。僕はまだ小学生だったけど、それを見ちゃったんですよね。すごくショックでした。でも二四歳まではうつなんて無縁だったし、仕事も楽しくて充実していたんですけどね。ほんと突然ですよ。なぜかも分からないけど、一気にうつになっていってしまって……」

Kさんの家庭も木部ちゃんの家庭と同じように借金の問題を抱えていた。

「うち、三人兄弟なんです。真ん中の弟はもう結婚して、ほかの町で暮らしています。仕事もちゃんとやれてるし、あいつは本当に自慢の弟ですよ。僕はこんなだし、一番下の弟もちょっと精神的に弱いところがあるから」

Kさんは自分自身や家庭のことを丁寧に話してくれた。今は精神科に通い、薬を飲みながら仕事をこなしている。

「稼ぎは少ないですけど、作業所とは比べものにならないくらいいいですよ」

二時間ほどすると、「明日も仕事早いから」と、Kさんは帰っていった。Kさんが去った後、木部ちゃんが口を開いた。

「ほんと、Kさん新しい仕事見つかってよかったよ。前、もっとつらそうな時期があったからさ、ほんとよかったよ」

●

その後、Kさんのことは一日だけ撮らせてもらうことになったが、取材を中断せざるを得なくなった。写真を撮った直後、病院で病名を知らされた彼は、そのショックでさらにうつになってしまったのだ。

「境界性人格障害」

それまでは逆に、病名がつかないことで自分が何者か分からずに彼は苦しんでいたように思う。ところが実際に病名がついたとたん、彼は自分に失望してしまう。それから彼は僕に対して少しずつ攻撃的になっていった。不安や焦りなどを、とがった言葉でぶつけてくるようになった。

最初は僕もそれらをなんとか受け止めようとしたが、徐々に疲れてきて、ある日言い返した。

「僕はKさんの言うことをできるだけ受け止めたいと思うけれど、Kさんは配慮がなさすぎる。Kさんがそうであるように、僕も素直に言います。いくらKさんに余裕がなくても、これでは僕も余裕がなくなってしまいます」

突然Kさんの口調が変わった。メールには「ごめんなさい」の文字が並んでいた。何かにおびえているようでもあった。彼を傷つけてしまったような気がして申し訳ない気持ちになったが、僕もきつかった。数日後に届いたメールにはこう書いてあった。

「岡原さんが撮った写真、全部返してくれませんか？」

すぐに連絡をとると、病名をつけられてから、写真に撮られたことが怖くなってしまったのだという。こういったときの恐怖は増幅される。もし写真が相手を追いつめてしまうなら、そんな写真に価値はない。一日悩んだが、僕はKさんを撮った写真とネガをすべて彼に送ることにした。

「ネガと写真をお送りします。これで僕の手元には何もありません。一つだけ、お願いがあります。ネガと写真はどのようにしていただいても結構です。ただ、公に使うようなことはしないでください。これはKさんの写真ですが、僕にとっても大切な写真です。勝手だとは思いますが、その点だけ理解していただけるとありがたいです」

Kさんからは丁寧なメールが返ってきた。

「こんなに調子が悪くなるとは思いませんでした。お心遣い感謝します」

●

「ネガは写真家にとって命だ」と言っている人がいたなあと思いながら、僕はネガと写真が入った封筒をポストに落とした。封筒がポストの底に当たる音が聞こえると、一気に力が抜けた。写真が、被写体より大切になることなんてありえない。と自分に言い聞かせるものの、しばらくの間、やりきれない思いと脱力感に苛まれた。

Kさんが帰った後は、木部ちゃんとこたつに脚を突っ込んでテレビを見てすごした。東京の自宅にはこたつなど置いていないので、古き良き昭和の冬という感じがした。これでこたつの上にみかんが乗っていたら完璧だが、そこには木部ちゃんが寝る前に飲む薬と携帯電話が置かれていた。

「いつもどのくらい飲むの?」

「うーん、結構たくさん……」

そう言って木部ちゃんはプチプチと薬をシートから出していく。朝、昼、晩と眠る前など、いろいろな種類の薬があるという。

「これ苦いんだよねー」

飲んでいたのは粉薬だった。普段ほとんど薬を飲むことがないので、何度見ても、木部ちゃんが飲まなくてはならない薬の量に驚いてしまう。すると、同じくテーブルに置かれていた携帯電話が鳴った。

「あ、父とママが一瞬だけ帰ってくるみたい。ちょうどいいから紹介するよ」

それから十分くらいして玄関のドアが開く音がした。奥の部屋に数人が入っていく足音が聞こえる。

「あ、帰って来た」

木部ちゃんが腰を上げたのでそれに倣って一緒にこたつから出る。木部ちゃんの後について奥の部屋へ。すると男性が一人と日本人ではない女性が二人。

「あ、お父さん、紹介するよ。こちら写真家のおかちゃん。おかちゃん、こっちがあたしの父とママと、ママの友達。二人ともフィリピン人」

少し緊張して挨拶をすると、木部ちゃんの父親が口を開いた。

「なんかバタバタしてて悪いね。若者の写真撮ってるの？　なんか面白いね。まあくつろいでいってよ。俺またすぐ出て行くからさ」

そう言うと、木部ちゃんの父親は書類をいじりはじめた。

「はじめまして。ヒロミちゃんがお世話になっているみたいで。仲良くしてあげてね」

そう言ったのは木部ちゃんの義理の母親のフィリピン人の女性。とてももの腰が柔らかい人で、木部ちゃんが「とても優しい人で大好き」と言っていたのもうなずける。ただ、その表情は疲れきっていた。二週間前に死産したばかりで、借金取りから逃げる日々。遠くフィリピンから渡ってきた若い女性にとっては、厳しすぎる現実のように思えた。

「ヒロミ、ここの書類、これ持っていくから。あとこれ、借金取りがきたら、これについては分からないって言うんだぞ。あとこの書類と……」

木部ちゃんの父親が書類について説明をしている。自己破産という言葉を聞いたことはあったが、実際に自己破産をしようとしている人を目の前で見たのは初めてだった。父親は終始緊張した面持ちで、焦っているのがよく分かった。

結局三〇分くらいだったろうか、父親と義理の母親、そしてその友達のフィリピン人の三人は、用事を済ますと音を立てないよう静かに家の裏側から夜の闇に消えていった。その姿はまるで映画「夜逃げ屋本舗」のワンシーンを見ているかのようだった。

父親たちがいなくなると、緊張していた家の中の空気がいっきにとけた。

「なんかごめんね。最近あんな感じでさぁ。家にいるときにやくざが来ると困るから慌ただしいんだ。あたしがうつ病とか自傷とか言っても、なかなか理解してもらえなくてさ。本人も借金で余裕ないから、気にかけていられないのかな。ほんとは優しいお父さんなんだけどね」

ため息をつきながら木部ちゃんが言った。

「あ、おかちゃん、お風呂沸かしたからさ、先入ってよ。疲れたでしょ」

●

翌日、木部ちゃんは朝からアルバイトに出かけた。大きなホームセンターの中に入っているペットショップで働いているという。家からは原付で行くというので、現地で落ち合うことにした。木部ちゃんの家の最寄り駅から電車で二駅の所にそのホームセンターはあった。郊外によくある、大型のショッピングモールといった雰囲気だ。国道沿いに建てられたそこにはファーストフードやレストラン、本屋も軒を連ねている。

ホームセンターの一角にあるペットショップでは、犬猫の類から、鳥、魚、ハムスターと、さまざまな動物がケージに入って売られていた。動物が大好きという木部ちゃんにとっては、最適な職場のように見える。木部ちゃんは接客をしている最中だった。まさに感じの良い店員さんといった雰囲気だ。こちらに気付くと店長を呼んできて取材について話をしてくれた。

「お客さんの邪魔にならないようにしてくれれば、問題ないよ」

店長は木部ちゃんの病状にある程度の理解を示してくれているようだった。その日は六時間ほど働き、動物の世話と接客で忙しそうに動き回っていた。客への対応もとても丁寧で、性格が仕事ぶりによく表われていた。その日の仕事が終わると、家で落ち合う約束をしてホームセンターを後にした。


　家に着くと、木部ちゃんの原付が広い庭の隅に停めてあった。

「ああ、おかえり」

すでに木部ちゃんは楽な格好に着替え、部屋でタバコの煙をくゆらせながらテレビを見ていた。調子はどうかと聞くと、

「うーん、まあバイトはそんなにストレスたまらないし、精神的に落ちることもあまりないよ。あとは今おかちゃんいるから、人といると結構平気なんだよね」

突然庭の方で犬が吠えだした。木部ちゃんの家ではオウムのほかに犬を二匹飼っていた。犬の吠え声が激しくなる。と同時に車のエンジン音が聞こえ、そして止んだ。ドアを閉める音がする。木部ちゃんの表情がこわばる。

「あ、もしかして来たかも……」

間髪入れず玄関の呼び鈴が鳴った。ドアを叩く音も聞こえてくる。

「あ、おかちゃん、やくざ来たみたい。ちょっと行ってくる……」

そう言うと木部ちゃんは部屋を出て行った。その後についていく。玄関のドアを開けると一八五センチはある大男が二人、外に立っていた。

「ああ木部さん、お父さんいる？」

一人はパンチパーマ、もう一人はオールバック。まさに絵に描いたようなやくざ。スーツは着ていないが、少しダボついたスウェットのようなものを着ている。声はテレビで聞いたことのある闇金の取立て屋のようだ。というか、まさに彼らは取立て屋なのだ。

「いや、私も分からないんです……」

そういう木部ちゃんにやくざが少し穏やかに言う。

「そりゃあ娘さんが悪いんじゃないのは分かってるけどさ、こっちも貸した金は返してもらわないと困るんだよ。お父さん、本当にどこにいるか分からないの？　このまま逃げられても困るからさ、もしお父さん出て来ないようなら、娘さんにどうにか返してもらわないといけなくなるからさ、ちゃんと言っておいたほうがいいよ」

やくざの語気が強まる。木部ちゃんはそれを聞きながら檻まで行き、犬に餌をやりはじめた。犬たちは少し興奮していたが、木部ちゃんが近づくと大人しくなる。そんな木部ちゃんの写真を撮り続けていると、カメラが気になったのかこちらに噛み付いてきた。

「お兄さん、あんた何でカメラさげてんの?」

「写真を撮っているからですけど、何か?」

「あ、そう。いや、こっちもさこういう商売だからさ、勝手に撮られると困るわけよ」

やくざの声は微妙にドスがきいていて、脅そうとしているのがよくわかる。

「撮られると困るようなことしているんですか?」

「いや、いいや。あんた娘さんの友達?」

「それに答える必要もないと思いますけど」

「……まあ、いいや。おーい、娘さん。また来るわ。お父さんにちゃんと話しておいてくれよ。でないとあんたの方にいくことになるからな」

そう言うと、やくざは白いトヨタ車に乗って行ってしまった。

「はぁ……」

木部ちゃんがため息をつく。僕も僕で内心びくびくして仕方がなかった。さすが脅すのが商売というか、格好から雰囲気まで、やくざというのはやはり怖いように出来ているのだ。こんな状況が毎日のように続いていれば、落ち着いて生活などできるはずもない。部屋に戻った後も、木部ちゃんの表情はしばらくこわばったままだった。

「なんかさ、もう疲れちゃったよ……。いつもこんなのばかりでさ。ほんと死にたいって思うことばかりだよ。うつも治らないし、自傷も止められないし……。でも今日はまだよかったよ、おかちゃんいるしさ、一人だったら確実にやばかったよ。絶対にまた死にたくなってオーバードーズしていたと思うもん」

その日の夕飯はコンビニに買いにいくことにした。木部ちゃんはあまりお腹が空いていないといってパンを一つだけ持ってレジに運ぶ。やくざに脅された後に食欲があるわけがなかった。部屋に戻り、同じようにテレビを見た。時間が経つにつれ木部ちゃんの表情は少しずつ和らぎ、笑顔も見られるようになっていた。

「明日もバイトあるからそろそろ寝るよ」

疲れた声でそう言うと、薬を口に運んだ。半そでから覗く傷跡だらけの腕が痛々しかった。

●

東京に戻った数日後、木部ちゃんからメールが届いた。

——おかちゃん、今度引っ越すことになりました。自己破産の手続きもすべて済んだので、とりあえずやくざが来る生活からは解放されるはず。今度はアパート住まいになるよ。最寄駅が一つ手前になるよ。また遊びにきてね——

なんとか自己破産の手続きも済んで、新しい生活を始められるらしい。ひさびさの良い知らせだった。しかしそうは言っても、やくざは押しかけてくるらしい。自己破産を済ませてしまったのですでに手出しはできないはずなのだが、今まで以上に脅しが酷くなっているようだった。それから一週間後、引越し作業は続いていた。やくざの脅しも続いているのかと思ったが、すでに来なくなったという。何があったのか聞くと、

「やくざが来てるときにさ、警察に通報してみたんだよね。そしたらマル暴が来てくれてさ。それから本当にやくざ来なくなったんだよ。これで心置きなく引越し作業に取り組めるよ。また引越し終わったら連絡するよ」

木部ちゃんの声は今までになく晴れやかだったが、そううまく話は運ばず、数日してやくざはまた戻ってきた。その日、木部ちゃんは薬を大量服用。命に別状はなかったが、病院に運ばれ

てしまった。

●

三月に入った頃、新宿で夕飯を食べていると携帯が鳴った。

「あ、おかちゃん?」

木部ちゃんからだった。

「あのさー、今度入院するんさー。一カ月くらい。赤城のほうの病院なんだけどね。それで一応言っておこうかと思ってさ」

すでに木部ちゃんは引越しを済ませ、新しいアパートで暮らしていた。やくざも最終的には中古車を全部持っていくのを条件に何も言って来なくなったという。ただ、木部ちゃんの不安定な状態は続いていた。一度入院したほうが落ち着くのではないかということになったという。

「けっこうゆるい病院だから、面会とかもできるみたいだし、もし来ることあったら連絡してね」

そういう木部ちゃんの声は、入院できることに少し安心しているようにも聞こえた。いずれにせよ、やくざに脅される生活が終わったのは良いことだった。自分でつくったわけでもない借金に悩まされることもなくなったのだ。

木部ちゃんとは携帯電話のメールで連絡をとりあっていた。入院も予定の半分を過ぎたが、結局お見舞いに行く時間をみつけられずにいた。入院生活がことのほか良かったのか、木部ちゃんの調子は回復しているようだった。

●

それからさらに一週間、携帯電話に木部ちゃんからの着信があった。

「あ、おかちゃん？ びっくりするかもしれないけどさ、あたし、今の彼氏と結婚するんだ」

びっくりした。結婚なんて今まで木部ちゃんの口から聞いたことがなかった。

「生理来ないからおかしいなと思ったらさ、妊娠してたんさ。もちろん産むよ。ははは」

要は「できちゃった結婚」ではあったが、木部ちゃんに焦っている様子はなく、電話越しに聞こえてくる声は嬉しそうだった。何はともあれめでたいことだ。うつ病と自傷と親がつくった借金の三重苦に悩まされていた人に、赤ちゃんができて結婚する。そして本人がそれを喜んでいる様子がなにより嬉しかった。本当に嬉しい知らせだった。

その数日後、木部ちゃんは退院しアパートに戻った。

「あたしさ、薬飲むのやめたんだ。抗うつ剤も、睡眠剤も、全部飲むのやめたの。やっぱり薬は赤ちゃんによくないしね。入院中から減らしていたんだ。薬飲まないとまだ辛くなることあるけど、なんとかなりそうだよ。赤ちゃんの力ってすごいね。あと結婚するから、もう彼氏の家に引っ越すことになったよ。ここのアパートほんと少しの間しかいなかったけど」

四月中旬、埼玉にある結婚相手の実家に引っ越したと連絡があった。退院し、群馬を離れてから、とても調子がいいという。借金取りに脅されることもない生活。実家との関わりが少なくなったことがよかったのかもと笑って言った。

六月六日、晴れて入籍。そして結婚式。日本にいなかったため結婚式に出席することはできなかったが、木部ちゃんから届いたメールからは幸せな雰囲気が溢れていた。ただ一点を除いては。

「でもね、父親は本当に最後まで現れなかったよ。ショックだったし、ちょっと信じられなかったよ……」

結婚後、木部ちゃんの様子は安定していた。つわりで辛いという話も聞いたが、以前のようにうつになることもなく、自傷行為をすることもなくなっていた。

十月のある日、埼玉で会った木部ちゃんは健康そのもので、顔色も良く、まるで別人のように見えた。

「最近は本当に安定してるんですよ。うつや自傷に苦しんでいたのが嘘のようです。赤ちゃんの力なんですかね。本当に嬉しい」

木部ちゃんの夫はそう言って木部ちゃんのお腹をさすっていた。

「痛ッ！　あ、蹴った！　なんか最近よく蹴るんだよね」

夫婦揃って子どもを楽しみにしている。そんな幸せな光景がそこにはあった。ただ、あまりにも今までと違いすぎる「日常」に、木部ちゃんはとまどいを隠せないでいた。

「なんかさ、違和感っていうのかな。あまりに穏やかな日常でさ……。中学生の頃から借金取りに追われて、怯えながら窮屈な生活がつい数カ月前まで続いていたんだよね。でも今のこんな日常が普通なのかなって、なんだかすごく贅沢している気がしてさ……」

ストレスだらけだった生活環境が急激に変わったことについていけない。平穏な日々を望んでいたものの、いざそうなると「こんなに平穏でいいのだろうか？」と逆に不安に陥ってしまう。

「今までずっと毎日気張っていなくちゃ生きていられなかったから、肩から力を抜くことが不自然で困っちゃうんだよね……。いわゆる旦那の家みたいな一般の家庭環境と、あたしの過去の家庭環境がここまで違うとは思わなかったよ。中学生のときから送ってきた、狂うようなあの生活はいったい何だったんだろう……」

そして一言、最後に付け加えた。

「こんなに幸せでいいのかなって、なんだか申し訳なく思うことさえあるんだよね……」

出産予定日は十一月末だった。赤ちゃんの写真を撮らせてもらうことになっていたので、病院に入ったら連絡をくれることになっていた。

「まだなんだよねー。でもそろそろ病院入るかもしれないから、また連絡するよ」

それから数日後、

「あ、そろそろなんですよ。おかちゃん、病院着いたら連絡してね」

連絡をくれた木部ちゃんの夫の声は、嬉しさの中に不安が入り混じるような、でも希望に満ちていた。

自宅を飛び出した。池袋で高崎線に乗り換え、病院の最寄り駅からタクシーに乗り込む。一年半前に鳥取から群馬に向かったときと同じように急いでいたと思う。ただ今回は、以前のような焦りはなかった。

「木部ちゃんに赤ちゃんが生まれる」

知り合ってからたった一年半ではあるが、いろいろな話を聞いていた木部ちゃんに赤ちゃんが生まれるのだ。うつと自傷行為に苦しんでいたあの木部ちゃんに。

病院に着くと、木部ちゃんの夫が分娩室から出てきた。少し疲れが見える。

「いやー出産ってすごい時間がかかるんですよね。話しには聞いていたけど、そんな朝から晩までかかるものだとは……。まだまだ実際に生まれるまでには時間がかかるみたいなんです。ちょっと僕も休憩……ははは」

そう言ってお茶の栓をあける。

「分娩は順調みたいです。本人は少し痛がっていますけど、まだもう少し時間がかかるみたいです」

そう答える夫の顔には幸せという言葉がよく似合う。

「じゃあ僕また戻ります。あと二〜三時間はかかるみたいだけど、生まれたらすぐまた来ますね」

そう言って分娩室へと戻っていった。

空がだんだんと暗くなり、十七時を過ぎた頃、夫が待合室に駆けてきた。

「生まれた！　生まれた！　生まれた！　こっち！　こっち！　こっち！」

興奮のせいか、同じ言葉しか出てこない。笑顔ともなんともつかない表情で早く早くと手招いている。

僕も興奮を抑えきれずに急ぎ足で夫の手招きするほうに急ぐ。すると、助産師が生まれたばかりの赤ちゃんを産湯につけているところだった。夫は感動しきった顔で産湯につかる赤ちゃんをまじまじと見つめている。助産師が慣れた手つきで赤ちゃんの身長を測り、足型をとる。

まだ目が見えていない赤ちゃんは、状況を飲み込めずに「なんだここは」と言いたそうな雰囲気だ。

「はい、お父さん、おめでとうございます。かわいい女の子ですね」

助産師にタオルでぐるぐる巻きにされた赤ちゃんを渡されて、夫はおどおどした手つきで受け取る。

「うわぁ～」

感動しきって、何も言葉が出てこない。分娩室の前のやわらかい照明の下には、とても優しい光景が広がっていた。

「はい、じゃあお母さんの着替えも済みましたからどうぞ入ってください」

そう言われて木部ちゃんが寝ている部屋に入る。きっと疲れてくたくたなのだろうと思って部屋に入ると、そこには元気な木部ちゃんがベッドの上に座ってきょとんとしていた。おめでとうと声をかける。

「あ、ありがとうー。いやー生まれたよー」

「木部ちゃん、もっとぐったりしているのかと思ったよ。疲れてないの？」

「え？　うーん、疲れたけどさ、なんか元気。あははは」

夫が木部ちゃんに赤ちゃんを手渡す。

「あはは、かわいいね。よく生まれてきたね。お母さんですよー」

二人で赤ちゃんに話しかけ、頬を触ったりする。

「穏やかな日常」「普通の幸せ」。数カ月前までは想像すらできなかった光景がそこには広がっていた。

しばらくすると、木部ちゃんの実の母親が再婚した男性と一緒に現れた。

「ヒロミちゃん、本当よくがんばったわね。本当よかったわね……」

「お母さん、赤ちゃん抱いてよ」

「そんな、まずはあちらのお母さんが抱いてからじゃないと、あたしは抱けないよ……」

「いいからそんなこと言わないでさ」

「いいえ、いいえ、そんなことできないわよ。まずはあちらのね、旦那さんのお母さんがあたしより先に抱かないといけないよ」

その言葉からは、昔、木部ちゃんを残して家を出て行ったことに対する負い目が感じられた。

それからは、ひたすら記念撮影の時間になった。みんなそれぞれ小さなデジタルカメラを持っていて、パシャパシャと部屋の中でシャッターが切られる。そんな光景を前に、生まれたばかりの赤ちゃんは、まだ開ききらない目をわずかに開き、たまに泣き声をあげる。

「ヒロミちゃん、名前はもう決めてあるの？」と母親が聞く。

「いや、いくつか考えてはあるんだけど、まだ決めてないんだよね」

「あなたたち二人でちゃんと考えてあげなさいよ。ほんとかわいいわねぇ」

しばらくすると、

「じゃあ、あたしたちは帰るわね。本当におめでとう、ヒロミちゃん。お父さんにも早く見せてあげてね」

そう言って病室を後にした。

●

赤ちゃんを交互に抱きながら、二人の間に流れる空気は文字通り「幸せ」そのものだった。そんな木部ちゃんに、「木部ちゃん、幸せ？」とあえて野暮な質問をすると、少し置いて、

「うん、幸せ」

そう木部ちゃんは笑って返した。

ゆか――トンネルの先に見える薄日――

「自傷している人を探しているなら、私のこと撮ってもいいですよ」

二〇〇五年の九月、そんなメールが届いた。木部ちゃんに次ぐ二人目からの連絡だった。

「それでは、一度お会いしてお話しさせていただくことはできますか?」

●

「ゆか」と初めて会ったのは、過ごしやすい気候になってきた十月の午後、場所は高田馬場駅近くのカフェ。小柄でかわいらしい女の子、そんな第一印象だった。彼女は大学の後輩でもあった。直接は知らなかったが、聞けば僕が当時付き合っていた女の子のサークルの後輩だった。ネットという距離感の分かりにくい世界で知り合った存在ではあったが、実際はずいぶん近いところにいることが分かり、親近感がわいた。

メールでは取材についてすでにやりとりをしていたが、初対面ということもあり、あまり突っ込んだ話を聞くことはできなかった。ただ、取材に関しては快諾してくれた。今は彼氏と二人で都内のアパートに暮らしているという。人ごみを少し恐れているように感じたが、見た目ではとくに彼女が精神科に通い、うつ病やパニック障害、自傷行為に苦しんでいるようには見えない。ごく普通の女子大生。少しプライドは高そうだが、嫌味っぽさのない女の子。そんな感じを受けた。

それからしばらくたった翌年の二月、ひさしぶりにゆかに会うことになった。ゆかが住んでいる最寄り駅での待ち合わせ。一緒に暮らしている彼氏も来るという。その彼氏も同じ大学に通っていて、やはり当時僕が付き合っていた女の子の友達でもあった。

彼氏を同伴するとのこと。ゆか本人に会うときより緊張する。やはり傷ついている人を撮るという、取材する側の負い目のようなものがないとは言えない。ゆかは取材でカメラの前にさらされる。彼氏はそんなゆかを守る存在だ。自分の大切な人が傷ついて、その姿がさらされることを喜ぶ人はいないだろう。

ゆかと一緒に現れた彼氏は、少し天邪鬼なイメージを抱かせる青年だった。

昼時に入ったイタリア料理屋でそれぞれがパスタを注文し、会話を交わす。ゆかとは初対面ではなかったが、彼氏とは初対面だったので、ゆかに初めて会ったときと同じような少しぎこちない空気が流れる。とはいえ、取材に関しては理解を示してくれていた。

「夜とか部屋に来てもらってかまいませんよ。僕、夜勤のバイトしてるけど、問題ないです」

あまりにすんなりと部屋での取材を許可してくれたので、少し拍子抜けしてしまった。と同時に、なんだか少し投げやりなようにも感じられた。夜中に一人でいる彼女のところに男が上がりこんでくることについて、心配していないのだろうか。

「夜中にバイト先からタクシーで戻ってきたこともあります。本当にやばいと思って……」

どうやら逆にゆかが一人になることを心配しているようだった。

ゆかも彼氏も写真が好きなようで、写真の話などで盛り上がり、一時間ほどしてその日は別れた。私鉄の駅前の踏切を越えていく二人の後ろ姿は、大変な時間を過ごしているのが嘘のように、ほのぼのしていた。

●

ある日、ゆかが出かけるというのでついて行くことになった。とはいえ、外でお茶をしていろいろと彼女の話を聞くくらいだった。そんなまったりとした取材の数日後の夜、ゆかから電話がかかってきた。ひどく落ち込んだ様子で声に元気がない。今にも消えてしまいそうなかすれた声が受話器から聞こえてくる。

「なんか……すごくうつが酷くて……」

すでに夜十二時をまわっていた。彼氏は夜勤でいないという。なんとなく気が引けたが、とりあえず会って話でもしたほうがいいのではないかと思った。

「大丈夫？　コーヒー飲んで話でもする？」

「はい……」

言葉は返ってきたが、返事になっていないような弱々しい声だった。夜中でも取材に来ていいと許可をもらったとはいえ、女の子が一人でいる部屋に行くのは気が引けるものだ。とはいえ、ゆかの声の調子があまりに沈んでいたので、とりあえず様子を見にいこうと家を出た。秋の夜の目白通りを原付バイクで急いだ。まだ寒くなる手前で、風が心地よいはずなのだが、焦っているので夜中のツーリングを楽しむ余裕などない。僕の自宅からゆかのアパートまでは原付で三〇分ほどしか離れていない。何かあればすぐに駆けつけられる距離だった。

アパートの二階に上がりドアの前の呼び鈴を鳴らすが、出てくる気配がない。中で倒れているのではないかと、最悪の状況が頭に浮かぶものの、ドアを勝手に開けて入る勇気もわかず、もう一度呼び鈴を鳴らす。すると物音がした。カチャ。ドアが開く。

「どうぞ……」

そこには青白い顔のゆかが、紺色のスウェット姿で立っていた。

「ちょっと……調子が悪くて……部屋ちらかってて狭いけど……すみません……」

そう言って部屋の奥にあるベッドに横になる。ゆかの部屋は正確には彼氏の部屋なので、基本的には男子の部屋だ。六畳ほどの部屋の中には、物が積み上げられている。整理されているとは言いがたく、机の上にはタバコの吸殻が大量に盛られた灰皿が置かれていた。

「彼は今バイト中だから……朝まで帰ってきません……岡原さんが来たってメールしたら安心したみたい……」

ゆかが細い声で言った。

「調子悪そうだけど……?」

そう聞くと、ゆかはなんとか顔を上げてこっちを見て話しだした。

「なんか、夜になるとすごくうつになりやすくて……。人といると平気なこともあるんですけどね……。あとは人ごみの中にいるとパニックで過呼吸になっちゃったり……。ほんと辛い……。どうすればいいのか分からないし。もう死にたいって思うこともけっこうあって……」

ゆかは続けた。

「あと、夜とかぜんぜん眠くならないんです。二日とか寝なくても平気だし……。最近はご飯も食べられなくて、どんどん痩せていくし……。摂食障害っていうんですかね……」

ゆかは近くの精神科に通っていて、薬も毎日飲んでいた。しかし、薬を飲んだからといって、元気に生活できるわけでもなく、大学も四月に入ってから休学しているという。

　なぜ心を病んだのか、なかなか聞きだせずにいた。布団の中から青白い顔を覗かせ、ゆっくりと言葉を絞りだすように話すゆかは、今にも消えてしまいそうな雰囲気さえ感じさせる。言葉もあまり交わさず、時間だけが流れていく。時計は六時を指し、気づくと空が白んできていた。

「少し眠れそう……」

いつも朝七時過ぎには彼氏がアルバイトから戻ってくるという。

ゆかも落ち着いてきたようで、この日はもう心配なさそうな様子だった。それからほどなくしてゆかは眠りについた。持っていたカメラを一度椅子にぶつけて大きな音を出してしまったが、ゆかがそれでも起きないのを確認し部屋を後にした。

●

それから、ゆかに会う回数は徐々に増えていった。予定した日に会うというよりは、調子の悪くなったゆかを夜に訪ねる回数が増えたといったほうが正しい。

ある夜、電話が鳴った。ゆかからだった。今にも消えてしまいそうな声が聞こえてくる。

「あのぉ……なんか、すごく辛くて……。うつが酷くて……」

聞くと彼氏は夜勤で一人だという。じっとしていられなくなり、ゆかの部屋に向かった。

ドアをノックすると前回と同じスウェット姿のゆかが現れた。部屋の中には焼酎のビンが転がっていた。

「なんか……よく分からなくて……。さっきそこの焼酎一気飲みして……」

ゆかはうつになると切るだけでなく、オーバードーズと同時にアルコールを一気飲みすることもあった。

「うつが酷いと、ほんと何もできなくて……」

そう言うゆかの口調は、焼酎を一気飲みしたわりには、はっきりとしていた。ゆかは定位置のベッドの上に座り、僕はその横に置いてある椅子に腰掛けた。ゆかはうつろな目で下を向いたまま、しばらく沈黙が続いた。十分ほどしてだろうか、ゆかがゆっくりと青白い顔を上げた。

「私が、なんでこんなになっているか。岡原さんに話しましたっけ……」

信頼していた人に裏切られたとは聞いたことがあったが、昨年ゆかと出会ってから、詳しい話は聞いていなかった。ゆかが調子のすぐれないときばかりに会っていたこともあり、あまり突っ込んだ話をするのを避けていた。

「私、レイプされたんです」

レイプ。単語は聞いたことがあったが、実際にレイプされた親しい人を僕は知らない。あまりに突然で少し思考が止まってしまった。唖然としている僕を前に、ゆかは話を続けた。

「サークルの先輩なんです。彼氏の友達でもあるの。すごく信頼してた……。でもその先輩だけじゃないんです。その先輩の彼女……。その人もサークルの先輩なんだけど、二人で……」

ある日、サークルの先輩カップルの家で鍋をしようという話になり、ゆかは二人とともに、先輩の家に向かったという。まさかそんなことになるとは思いもしなかった。鍋を囲んで、お酒を飲み、楽しい時間が過ぎていった。すると突然、女の先輩が酔っ払っておかしなことを言いだした。

「3Pしようよー」

最初は冗談かと思ったという。すると二人に突然服を脱がされはじめた。抵抗しても二人を相手に手も足もでなかった。そしてそのまま強姦されてしまう。

「もう何が何だか分からなくて……結局その後サークルの活動に戻ったんです。彼氏にも何も言えなくて……なんかもう信じられなくて、理解できなくて……」

彼氏がレイプについて知ったのは、数日後のことだった。レイプをした先輩の男女は、彼氏のところに謝りに行ったという。

「先輩が私の彼氏に『俺のこと殴ってくれ』って言ったそうです。でも彼氏は殴らなかった……。かわりにその先輩のこと抱きしめたって……」

彼氏の行動を僕は正直理解できなかった。自分が彼氏の立場だったら、相手のことを殺すかもしれないとさえ思った。

「彼は、仕返しをしてもどうにもならないって分かっていたんだと思います。しかもその先輩、彼氏の親友でしたから……」

ゆかは淡々と話を続けた。

「裁判とか、そういうのも考えたんです。でも、最初から全部知らない人に話さないといけないみたいだし、何よりあの人たちの顔見たくないし……。なんかもうあのときのこと思い出すのも辛いし……」

話すゆかの目から涙がこぼれた。すると携帯電話が鳴った。彼女の友達からだった。

「うん……うん……」

涙をこぼしながらただただ頷くゆかの姿は、今にも消えてしまいそうな蝋燭の灯のように寂しげで、摂食障害の影響もあり、生気が感じられなかった。

しばらくして電話を終えると、ため息にもならない弱々しい息を吐き、ゆかは話を続けた。

「今の、友達です。こうして私のこと気にかけてくれるの。本当にありがたくて……。でも私なんてもう生きててもどうしようもない気がしてきて。何回か首を吊ったこともあるんです。でも結局死ねなくて……。彼氏が助けてくれたりもしたけど、死にたいって思っても結局死ねなくて……」

レイプという経験が、彼女の存在価値を否定し、自尊心を奪い去ってしまったようだった。存在意義を感じられないまま過ごさなくてはならない時間。彼女にとっては、出口の見えないトンネルを歩いているようなものなのかもしれない。

「現実問題っていうか。病院代とか薬代とか、そういうのも結構かかるんです。何とかアルバイトしてますけど、調子悪いときとかは本当に何もできなくなっちゃうから、どうしようもないときもありますし……。それでもなんとか行ってるんですけど……」

あまりに理不尽な話に、

「でもそれこそ病院代とか薬代くらいは、あちらに求めるべきだよ。だいたいあっちはゆかに酷いことしておいて、のほほんと暮らしてるなんて……」

言いだしてから少し後悔した。傷ついた人に闘えなどと言える立場に、自分はいないのだ。

「向こうもそういうことに関しては、女の先輩のほうですけど、少しは考えてるみたいで……。電話で何回か話はしているんですけどね……」

ゆかをレイプした女は大学四年生で、もうすぐ就職するという。男は大学三年生なので、これから就職活動という時期だった。事件が公になれば女の内定は取り消され、男は就職活動などできなくなるだろう。しかし、ゆかはそれを望んでいないようだった。

そんな話をしていると、またゆかの携帯が鳴った。生気のない表情のまま、ゆかは携帯をとった。

「はい……はい……そうですね……はい……何かを求めるつもりはありません……ただ病院のこととか、実際に通わないといけないし、調子もあまりよくならなくて……」

深夜で物音のない部屋の中では、携帯の向こう側の声も少しだけ聞こえてくる。なにやら深刻そうな声で、慎重に言葉を選んで話しているような感じを受ける。ゆかが受け答えする内容から も、電話の声がゆかをレイプした女の先輩であることが分かった。

「じゃあ、そういうことで……」

ゆかが電話を切った。

「今の、その女の先輩です。その病院のこととか、そういう話でした……」

ゆかの病院代や薬代についての話だったという。ただ、どういった形であれ、加害者と直に接触をもつことは精神的に苦痛でしかないように思えた。

ひと通り話し終えると、ゆかは「ちょっと寝てもいいですか」と言い、布団の中にもぐった。

「なんか今夜は眠れそう」

しばらくすると、小さな寝息が漏れはじめた。外はすでに白んできていた。あと二時間もすれば彼氏もアルバイトから戻ってくるだろう。静かに眠りについたゆかの表情は、ネジの切れた人形のようにも見えた。その姿を一枚写真におさめ、彼女の部屋を後にした。

●

数日後の深夜、僕はいつものように自宅でネットサーフィンをしていた。mixiには自傷行為に関するコミュニティもあり、そこで情報交換や意見交換が頻繁に行われていた。その日、ゆかは日記を書いていなかった。何事もなければいいいなあと思いメールをチェックしていると、携帯が鳴った。ゆかからのメールだった。

「うつが酷いんです。ちょっとOD(オーバードーズ)して、切っちゃいました」

すぐにゆかに電話をかけたが出ない。慌てて着替え、原付でゆかの部屋に向かった。彼氏は今夜もアルバイトだろう。二月の東京は寒い。しかも夜中の一時だ。夜風が頬を刺す。肩にさげたカメラも一瞬で氷のように冷たくなった。僕が乗っていた原付はチョイノリという、新品でも四万円程度の安物で、最速でも下り坂で時速四〇キロ。平地では法定速度きっかりの三〇キロしか出ない。スピードオーバーで警察に捕まることが絶対にない便利な代物なのだが、こうして焦っているときにいくらがんばってもスピードは出ず、なんとも頼りない。急いでいたが、赤信号で停まったときに、ふと、勝手に押しかけている状態であることに気づき、ゆかの携帯にもう一度電話をかけた。

「あ、岡原さん……。すみません……なんかすごく調子悪くて……」

「あのさ、大丈夫？……じゃない感じだけど……あの、またコーヒーでも飲む？　というか焦ってすでに途中まで来てしまいまして……」

「あ、ははは……大丈夫……じゃないです……彼氏いるときはわりと平気なんですけどね……一人でいると不安定になりやすくて……」

「とりあえずお家に行ってもいい？」

「はい……お待ちしてます……」

勇み足だった気がして、少し申し訳なさを覚えつつ、ゆかのアパートへと原付を走らせた。部屋につくと、いつものスウェット姿のゆかが現れた。台所には薬の包装シートの残骸が転がっていた。

「少しだけODしちゃって……。でもまだ意識あるんです……。ぜんぜん眠れなくて……。さっきまで切ったりもしてて……」

そういうゆかの手首にはガーゼが貼られていた。手首を切った後に自分で処置をしたようだ。

「彼氏にもメールしたんです。岡原さん来るからって……。そしたら安心したみたいで……」

　ゆかの彼氏は、どうやら僕のことを信用してくれているらしかった。というよりゆかが誰かといたほうが、何かあっても大丈夫だと感じていたのだろう。普通に考えれば、付き合っている彼女が一人でいるところに男が来るのだから不安を抱くに違いない。同じ男として彼氏のことを考えると、なんだか申し訳ない気持ちにもなった。取材を通してさまざまな矛盾が自分の中に生まれていた。しかし、この取材の最大の矛盾はもう少し後に訪れることになる。

　その日のゆかは文字通り「心底」調子が悪そうだった。

「あの日から一年以上が経ったけど、結局変わらなくて」

あの日というのは、ゆかがレイプされた日のことだ。それから一年。うつ病、パニック障害、境界性人格障害、自殺未遂、自傷行為。一人で抱えるには多すぎる苦痛をゆかは経験してきた。僕の親友もゆかと同じサークルの出身で、ゆかをこのような状態に陥れた二人のことを知っているようだった。自分が何かをすべき立場にないことを分かってはいたが、目の前のゆかを見ると、憤りを感じずにはいられなかった。

　きっと、このまま何事もなかったかのように季節は過ぎ去っていくのだろう。女は就職し、男も就職活動をして内定をもらう。時間だけが過ぎ、ゆかに起こったことは風化していく。彼らも家庭を持つかもしれない。そんな彼らの幸せをゆかは壊したいとは思わないだろう。仕返しを考えるような性格ではない。幼かった頃、「真っ当に生きていればきっと良いことがある」と教えてくれた大人たちが知ったら、彼らは何と答えるだろうか。

日本にはレイプ神話というものがある。レイプされたほうに原因があるという考えだ。「露出の多い服装をしていたのではないか」「自分から誘ったんじゃないか」そんな考え方だ。レイプしたほうが悪いという当たり前の考え方が浸透していない。

自らを謙遜するのは日本人的美徳かもしれないが、被害を受けた方はたまったものではない。最近はそういった傾向も薄れてきているとは言うが、実際には「レイプ神話」は根強く残っている。日本に根付いた「恥の文化」が良い意味でも悪い意味でも、問題が表に出ることを妨げてきた。

ベッドに座るゆかはうつむいたまま、あまり喋ろうとしなかった。調子が良いときは本当に明るい表情を見せるが、今は表情がない。

しばらくしてゆかが口を開いた。

「苦しい……」

どうしたのかと聞く。

「過呼吸……」

表情がより青ざめていく。ゆかは過呼吸になることがたびたびあった。どうすればよいのか分からず、こちらも混乱してしまう。

「救急車、呼んだほうがいい？」

「なんか……精神科って……急患とか受け付けてないし……きっと急患のお医者さんって……きっとよくわからないと思うけど……」

そう言うゆかが、どんどん小さくなっていくように思えた。今にも消えてしまいそうだ。とりあえず救急車を呼ぼう。よく袋を口に当てて息をさせるのを見たことがあったが、じつはあまり効果がないという話もどこかで読んでいたので、どうすればよいか分からなかった。

１１９番に電話をかけ事情を説明する。しかしうまく説明できない。

「過呼吸で顔がどんどん青ざめていっています。とにかく早く来てください」

応急処置の講習を受けておけばよかったと思ったが、後のまつりである。救急車が到着するのをただ待つしかなかった。

救急車は十分もしないで到着した。ゆかの部屋はアパートの二階にあり、通路も一人分の幅しかない。女性の救急隊員が説明を求めてきた。ゆかの年齢、精神科に通っているということ、いくつかの情報を救急隊員に説明する。

「大丈夫ですからね。今から病院に連れていきますから」

そう言って救急隊員に抱きかかえられたゆかは、まるで小さな人形のように生気がなかった。救急車を呼ぶ前、話をしながら写真を撮っていたので、カメラが首にかかったままだった。救急隊員はカメラを見て「カメラなんかさげて何をしているんだ?」といった表情を浮かべた。ゆかを運ぶときになり、救急隊員が机の上の灰皿を見て僕に言った。

「あなた、こんなにタバコの吸殻をためないでください。火事になったらどうするの?」

机の上を見ると、どうやらゆかの彼氏がためにためたらしいタバコの吸殻満載の灰皿が置かれていた。吸殻がすべて縦に刺さっていて、まるでオブジェのようだ。きっとゆかの彼氏は芸術作品と思っているに違いない。その声にゆかが少し反応し、こちらを気にするかのように見えた。それを見て僕は少し笑ってしまった。すると救急隊員が、

「冗談になりませんから、ちゃんと捨ててくださいね! はい、じゃああなたはこの毛布と彼女の上着とか持って!」

僕の吸殻ではないのだが、今はそんなことを弁解するときではない。「すみません、気をつけます」と言い、ゆかの上着や毛布、保険証や財布が入ったかばん、そして靴を持って救急車に

乗り込んだ。取材をしているということを常に忘れないようにしようと思っていたが、両手がふさがっていたのと同時に、気まずさを感じ、写真を撮ることができなかった。

救急車の中で救急隊員に、「どこの病院に行きますか?」と聞かれた。彼女が精神科に通っていることも説明していたが、夜間急患で受け入れてくれる精神科というものは皆無だった。しかも過呼吸というのは、施しようがないらしい。しかしどこの病院に行くかと聞かれても、こちらは藁をも掴む思いなのだ。どこの病院に行けばいいか分かっているなら、救急車の必要性は半分以下に減るような気がする。

「このあたりの病院を知らないので、救急があるところに行ってください」

それだけ伝え、あとは救急隊員が電話で受け入れてくれる病院を探してくれた。

病院に到着して、ゆかは処置室に運ばれていった。カーテンの向こうから医師と看護師の声だけが聞こえる。十五分ほどすると、看護師がカーテンを開け、こちらに近づいてきた。

「もう大丈夫ですので、中へどうぞ」

何が「もう大丈夫」なのかよく分からなかったが、処置室に入るとゆかがベッドの上にちょこんと座っていた。

「過呼吸はおさまりました……」

そう言うと、ゆかはベッドから降りた。

　待合室で会計を待っている間、ゆかは少し病院についての話をしてくれた。

「精神科って基本的に長期で診るところなんです。だから急患を受け付けてくれるところなんてないんですよ。入院が前提だったりすることも多くて。たしかにそれはそうだと思うんですけどね。外科とか内科みたいに処置してどうにかなるってわけでもないし……。でも精神科でもそういうところがあれば、救われる人も多いのかなと思うんですけどね……」

たしかに精神科や心療内科で急患と言われても、ぴんとこない。激務の医者が聞いたら顔をしかめるかもしれないが、ゆかが言うように、「安心」できることで救われる人がいるのも確かなように思えた。

　ゆかが会計を終えるのを待ち、タクシーでアパートまで戻った。疲れが出たようで、ゆかはすぐベッドに横になった。もう眠れそうだというので、ゆかの部屋を後にした。夜中に出かけて朝方帰る。付き合っている自分の彼女が知ったら怒るかなぁと、少し申し訳なさを覚えつつ、明け方の目白通りを法定速度きっかりで帰路についた。

●

それから数日後の夜中、いつものようにパソコンでメールをチェックしていると、ゆかから電話がかかってきた。電話からは、先週と同じような今にも消えてしまいそうな声が聞こえてくる。

「大丈夫かなと思っていたんですけど、なんかやっぱりダメみたいで……。すごく調子悪くなってきちゃって……」

「そっかあ……また世間話でもしようか」

電話を切り、カメラをぶらさげ、前回と同じように目白通りを走った。優等生の原付は、相変わらず法定速度きっかりの三〇キロでしか僕を運んでくれない。夜中の目白通りは空いていて、昼間と違って排気ガスのにおいがあまりしない。とはいえ、ゆかの部屋に行くときには、夜中の大通りという非日常を楽しむ余裕はない。アパートの前に原付を止め、階段を上がる。手前から二つ目がゆかの(正確に言うと、ゆかの彼氏の)部屋だ。ドアをノックすると、覗き窓に影が映った。「カチャ」とドアが開いて、いつものスウェット姿のゆかが顔を見せる。

「どうぞ」

最近見慣れてきた生気のない表情が今日もそこにあった。お邪魔しますと言って部屋に上がる。ゆかはベッドの上に座り、僕は椅子に座る。二人の定位置のようになっていたが、そこ以外に座る場所がないというのが正しい。しばらくの沈黙の後、ゆかが口を開いた。

「この一年ちょっと、本当にいろいろありました……。精神病患者になったし。自殺しようと何度も考えたし。自傷行為も覚えて……。でも彼氏とか友達とかいろんな人に助けられて、なんとか今までやってこれました……」

そう言うとゆかはうつむき、弱々しい声で泣きだした。僕はというと何を言うこともできず、その姿を見守るしかなかった。

しばらくして落ち着いたのか、ゆかは泣き止んだ。そのあと少しボーっとすると、ベッドの横にかけてあった小さい一眼レフカメラを手に取った。

「私、写真けっこう好きなんです……。彼氏も写真好きで。最近あまり撮ってないな……。ちょっと壊れ気味なんです、このカメラ」

「たまに撮ってみれば？　楽しいかもよ」

「あ、そういえば、岡原さん、彼女のこと撮ったりしないの？」

「あ……俺ね、彼女とかあまり撮ったことないんだよね……」

「好きな人撮ると、いい写真撮れるっていいません？」

「うーん、どうだろうねぇ。俺の場合ちょっと違うみたいで……」

僕は女の子を撮るのがへたくそだった。ゆかは女の子というよりは、取材させてもらって撮っていたので、単純に女の子を撮るのとは違う。あまり聞かれたくないようなことだったが、浮いた話というのは誰でも好きなものなのかもしれない。ゆかが少し笑顔をみせた。するとポケットの中の携帯が鳴った。当時付き合っていた彼女からだった。

「あ、彼女からだ……」

「あらー……」

「ちょっと出てもいい？」

ゆかに断って外に出て電話にでた。僕は嘘をつくのが上手ではない。恋人に「どこにいるの？」と聞かれて、ついつい本当のことを言ってしまった。やましいことなど一つもないのだから堂々としていればよいと思うのだが、なんとなく気まずい。

「今、ゆかの部屋にきてるんですが……」

「プチ……ツーツーツー」

怒らせてしまった。取材とはいえ、夜中に女の子と二人でその子の部屋にいるというのは、彼女にとっては気分のよいものではないだろう。うなだれながら部屋に戻ると、ゆかが少し心配そうに口を開いた。

「どうでした？」

「いや……ゆかの部屋にいると言ったら、電話を切られてしまいました」

「あちゃー。岡原さん、やばいですね、それ。すみません……」

ゆかは別に悪くない。うまい嘘をつけない自分の性格を恨んだが、嘘をつくのもどうかと思う。皮肉にもそういった話は会話を弾ませる。

「まー仕方ないよ！　あとで話せばわかってくれるはず！」

そう強がって言うと、ゆかは少し申し訳なさそうに、でも面白そうに、「いやー、ははは……」と言って笑った。

恋人には申し訳なかったが、おかげで少し部屋の空気が明るくなった。

色恋沙汰というのは、精神的に大変な状況の人のことも、少しは元気にする力を持っているのかもしれない。ゴシップ記事がこの世からなくならない理由も分かった気がした。

明るい時間は三〇分ほどしか続かなかった。ゆかの顔から生気が消えて行く。結局写真の話などをしながら、時間が流れた。僕は部屋にいるあいだ、ゆかの生活（ベッドの上に座っている姿）を撮り続けた。

「あ、そうだ……」

ゆかがごそごそと薄い冊子をいくつか取り出してベッドの上に広げた。サークルで作っている季刊誌だった。ゆかが所属している出版サークルでは、わりと硬派な取材記事で構成されている雑誌を出版している。前年、ゆかはサッカーボールについての記事を執筆していた。サッカーボールを作るために、途上国の子どもたちが安い賃金で搾取されているといった内容だった。

「こういう子どものこととか、いろいろと取材したいことがあるんですよね。今はちょっと調子悪くて取材とかできないけど……」

そう言ってページをめくって記事について説明してくれる。次第に言葉も力強くなっていく。知的好奇心旺盛な大学生の姿がそこにはあった。そんなゆかを見て、少し希望を感じた。何かをしたいという欲求が大きくなれば、心の状態もよくなっていくかもしれない。

結局その日はそんな話を続けているうちに明け方になり、ゆかは床についた。それを見届けてから部屋を出る。明け方の目白通りは、アスファルトに朝日があたり、まぶしく光っていた。

●

そのまた数日後、ゆかと会った。ただいつもと違うのは、昼間だということ。昼間のゆかは、夜に見るゆかよりも血色よく見える。その日は、知人のメイクアップアーティストに頼まれてモデルをするという。午前中に待ち合わせをし、電車に乗って表参道まで出かけた。電車に乗るとパニック発作を起こすかもしれないと聞いていたが、なんとか持ちこたえている様子ではあった。

「今は平気です。でもパニック発作って突然起こるから、正直恐いんですけどね」

何かパニックなどから気をそらすような話はないものかと考えていると、ゆかが口を開いた。

「あの、気づいているかもしれないですけど、私スッピンなんですけど、大丈夫ですかね」

ゆかは少し気まずそうに笑いながら言った。女性が化粧をしないで外出するというのは、勇気のいることらしい。しかしいつもゆかの部屋に行くとスッピンなので、いつもの姿と変わらない。どう反応してよいのか分からず適当に笑って返す。

「あ、岡原さんほとんどスッピンしか見たことないですよね、はははは」

少しプライドの高そうなところもあったが、冗談も好きだった。

結局、パニックになることもなく、無事に表参道に到着した。ゆかがモデルをするというメイクアップスクールはビルの三階にあった。

ゆかがメイクされている間は、待合室にいることになった。三〇分ほどしてゆかがメイクアップルームから出てきた。ばっちりメイクされたゆかは別人に見えた。

「顔、違います?」

どう答えていいのか分からないことは聞かないでほしい。たしかに違うが、もとが悪いとか良いとかそういう判断をしているわけではないのだ。困った表情をしていると、おかしそうにゆかは笑った。

「私が通っていた高校行ってもいいですか?」

ゆかが通っていた高校は、井の頭線沿いにあった。駅を下りて高校まで歩く。通学路脇の街路樹に葉はついておらず、寂しさが漂っている。校門まで来ると中から出てくる女性にゆかが反応した。

「先生!」

ゆかの高校時代の恩師だった。

「あなたやせたわね。大丈夫なの?」

青白いゆかの顔を見て恩師は心配したのか、そう言った。

「いろいろあって……。あまり元気じゃないんですけど。ははは」

ひさびさの再会が嬉しかったのか、そう言いながらもゆかは別人のように元気になっていた。

その女性教師と別れ、高校の中に入る。

「職員室に行きましょう」

職員室には、ゆかが仲のよかった教師が数人いて、同じように再会を懐かしんだ。ゆかの表情がさらに明るくなる。最後に社会科の教師に会いに三階に行く。

「おお、元気か？」

「いやー、あまり元気でもないんですけどねー。あははは」

笑顔でゆかが答える。ゆかは僕のことを大学の先輩で写真家と言って教師たちに紹介してくれていた。僕もこの高校の生徒の一人から「報道写真についてレポートを書きたい」と、連絡をもらったことがあり、聞くと、社会科の教師もその生徒のことを知っていたので、話もしやすかった。

　次第にゆかが所属していたダンス部の話題になった。

「ちょっと部室に行きましょう」

教師に別れを告げると、ダンス部が練習している部室へと向かった。まだ授業後のホームルームの時間なので、部室には誰もいなかった。壁には部員たちの集合写真が貼ってある。

「あ、これ私の代なんです。ほら、ここにいるのが私です」

そう言って写真を指さす。

「なんかあの頃ってほんとキラキラ輝いていて、本当に楽しかったなあ。こんなになるなんて想像もつかなかった」

しばらくすると、部員が数人部屋にやってきた。そのうちの一人がゆかを見て言った。

「ゆかさん！　チョーひさしぶり！」

「ひさしぶり！　元気!?」

仲の良い後輩と盛り上がるゆかを見ていると、まるで昔の自分を演じているかのようにさえ見えた。きっと本当に再会を楽しんでいる反面、自然と後輩の前では明るく振る舞おうとしてしまうのだろう。

一時間ほどしてその後輩といっしょに井の頭線の駅まで向かった。反対方向の電車に乗る後輩を見送ると、ゆかの表情が少しだけ曇ったように見えた。僕たちは吉祥寺行きの電車に乗りこんだ。

「今日はこのあと病院に行かないといけないんです。だから吉祥寺で中央線に乗り換えて、それでバスに乗って病院に向かいます」

吉祥寺から中央線に乗り換えると、ゆかが不安を口にした。

「中央線に乗ると、パニック発作を起こしやすいんです。なぜかわからないけど、この雰囲気がすごく苦手で……」

ゆかの不安は的中し、二駅ほどで発作が起きてしまった。過呼吸になり、阿佐ヶ谷駅で電車を下りることになった。とにかく病院へということでタクシーを拾う。血の気のないゆかの顔がさらに青白くなる。とはいえ、何の施しようもない。ゆかはうつむくだけで動こうとしない。

「苦しい……」

夕方の都内は混雑が激しいが、三〇分ほどで病院に到着した。パニック発作については病院でも手の施しようがないのか、待合室で少し待たされた後、診察室の横で待つように言われた。ゆかは机につっぷしたままでぴくりともしない。ほどなくしてようやく声がかかり、診察室に通された。

●

ゆかはパニック障害について、後にこう言っている。

「人が多いところに行くと、なぜか過呼吸になるんです。だから電車に乗るのも、外出するのも怖くて、誰か安心できる人が一緒にいないと外出できなくなるんです。パニック障害になったり治ったりを繰り返していると、人に会いたくてもどこかに行きたくても、行くまでに電車やバスに乗ったり、人混みを通らないといけないから、それが怖くて家に引きこもってしまったりして、一人でいるから余計うつになったりするんです。すごく悪循環だったなと思うけど、パニック障害は治そうと思って治る病気じゃないから、どうしようもなくて。結局薬に頼るかなんとか気を紛らわせるかしかないんです」

●

僕は待合室に戻り、ゆかの診察が終わるのを待った。待合室には数人が座っていたが、どの人もいっけん何の問題もないように見える。逆に外から見えにくいからこそ、学校や職場で辛い思いをすることが多いのかもしれない。

三〇分ほどすると、診察室のドアが開く音がした。ゆかが待合室に戻ってくる。少し顔色が良くなったように見える。

「とりあえず、発作は落ち着きました……」

力のない声でゆかはそう言った。

「先生に、薬を変えてもらえないか聞いてみたんですけど……ダメって言われちゃって……」

十分ほどすると受付に呼ばれた。

「これが次の分のお薬の処方箋です。あとこれは東京都に提出する書類ですので、手続きを忘れないようにしてくださいね」

受付の女性はそう言うと、ゆかに封筒を手渡した。

病院を出ると、外はすでに暗くなっていた。病院の正面にある薬局で薬を受け取り、アパートに向かって歩く。摂食障害のためあまり食べられないというゆかは、途中コンビニでヨーグルトを一つだけ買って部屋に戻った。

部屋に戻ると、溜まっていたものを吐き出すかのように言った。

「なんか、高校のときの思い出って本当に輝いていて。キラキラしているんです。高校のときの友達も大好きだし。でも、私が今こんな状態になってしまって、高校のときの私は今の私と違うから、同級生とかと話をするのもなんだか怖いっていうか、疲れることがあるっていうか。もう昔と違う人間になってしまった気がして、でも同級生とかは昔の私しか知らないし、今の私がこんなだってこと知られたくないし……」

一瞬の沈黙の後、

「疲れたので眠ろうと思います」

そう言うと、ゆかはベッドに横になった。あまり長居するのもどうかと思い、僕も帰宅することにした。

●

深夜、いつもと同じようにメールをチェックしていた。なんとなく気になってゆかの日記も読む。そこには薬をたくさん飲んで、手首を切っていると書いてあった。

気になって電話をかけてみる。オーバードーズをしたというので、少し心配になった。とりあえず話でもしようということになり、原付でゆかのアパートに向かった。

アパートのドアをノックすると、いつものスウェット姿に青白い顔をしたゆかが出てきて、力なく「どうぞ……」と中へ通してくれた。

ODをしたわりには、呂律も回っていて、危険な状態になるほど薬を飲んだわけではなさそうだ。ただ、ベッドの横には空になった焼酎の空き瓶が転がっていた。薬を飲んだ後に焼酎を一気飲みしたようだった。ベッドの上に座ったゆかは、「これ……」と言って封筒を取り出した。夕方、病院の受付で渡されたものだった。

「これね、障害者自立支援法っていうのが施行されるから、そのために必要なものなんです。東京都に提出する書類で、病名とか書いてあるの」

そう言って、ゆかはその書類を広げて見せてくれた。病名欄に目をやると、「境界性人格障害」と書かれていた。

「私、夏頃からこの病気かもしれないって言われていたけど、実際にこうやって診断書に書かれるとショックで……。正式にお前は精神病患者なんだって言われたってことだし……。なんかもう気力がないっていうか、生きる気力が……。もうすべてどうでもよくなってきました」

そう言って、ゆかは紙を封筒に戻した。

障害者自立支援法とは、障害者の自立を促す目的でつくられた法律だ。しかし実際には、障害者への経済的負担が増すことなどから、批判する声も多い。実際、作業所に通う人たちにとっては、働いているのにお金を払わなければならないという矛盾が生じている。

ベッドの上にいるゆかが透明な箱を取り出した。中には剃刀が入っていた。

「さっきから切ってて……なんかもう切らないと落ち着かないから……」

そう言うとゆかは刃物を自分の手首に当てた。

「ちょっと待って！」

驚いてゆかを止めようとした。ただ、切らないと気が済まないという話はいろいろな人から聞いていて、無理やり止めるのが得策ではないような気もしていた。切らなければストレスがたまり、また切る。そんな話も聞いたことがあった。ゆかに切らないで済まないか尋ねると、「切らないと、落ち着かないから」と言うだけだった。自傷行為が自殺とは違うということは知識としてあった。自殺行為以外、彼女のすることは肯定すべきなのかもしれない。切ったら落ち着くと言うゆかと、落ち着いたら切るのをやめてその日は眠るという約束をして、あとはただ目の前で起きていることを受け入れるしかなかった。

手首に剃刀を当てる。まるでペンで描くように、ゆかの手首に赤い線がついていく。あくまで「取材にきている」ということを思い出し、シャッターを切った。おかしな空間におかしな時間が流れているように感じた。他人がこの光景を見たら、どう感じるだろうかと思う。人生のどこかで、存在を否定されるような経験をした彼女たち。全部撮ることが彼女たちの存在を肯定することだと自分に言い聞かせるものの、痛々しい場面を目の前にしてシャッターを切ることに矛盾を感じざるを得なかった。

●

十五分ほどして、ゆかの手が止まった。ゆかは表情一つ変えず、赤く染まった自分の手首をボーっと眺めている。

「もう、落ち着いたんじゃない？　今日はもうやめよう？」

そう言うと、ゆかは「うん……」とうなずいて、剃刀を置いた。

切り終わった手首を消毒液で拭き、ガーゼを当てる。傷は深くなかったが、ガーゼが赤く滲んだ。

その上からテープを貼り、傷の処理を済ませた。切ってしまったと電話がかかってきたことはあったが、目の前で人が自らを切る場面を見たのは初めてだった。あまりに痛々しい場面を前に、そのあと何も言葉が出てこなかった。

「なんか……落ち着きました……」

ゆかはそう言い、ため息をついた。

「今日はもう寝よう？」

そう聞くと、ゆかは一度だけ首を縦に振り、ベッドに横になった。

気づくと空が明るくなってきていた。いつものようにゆかの眠る姿を見届け、アパートを後にした。

●

ゆかの取材を始めて二週間が経った。その日は、深夜零時を回った頃に帰宅した。同じようにメールのチェック。ゆかの日記も見てみる。三時間前に書かれたその日記には、「ニライカナイへ下見に行ってきます」と書かれていた。慌てて携帯電話を探した。ニライカナイとはあの世のことだ。要は「あの世に下見に行ってきます」と書いてあったのだ。下見のつもりが本当にあの世に行ってしまっては取りかえしがつかない。なんとか出てくれないかと祈りつつ、ゆかの携帯に電話をかける。と、意外にもすぐにつながった。

「はい……」

「日記読んだんだけど、どうしたの?」

「なんか……薬たくさん飲んで……」

明らかに呂律が回っていない。

「とりあえず行ってもいい?」

「はい……」

オーバードーズしたのは確実だった。たぶんその後アルコールもかなり飲んでいるのかもしれない。相変わらず三〇キロしか出ない原付で、ゆかのアパートに向かった。ゆかの部屋のドアをノックするが、返事がない。まったく出てくる気配がない。しかし、ひとさまの家のドアを勝手にあけてよいものか、ドアの前で迷った。五分も経っていなかったと思うが、その時間がやたらと長く感じられた。仕方なくドアノブに手をかけると、ドアに鍵はかかっていなかった。

「こんばんはー」

そう言って中を覗くと、いつものようにベッドの上に座っているゆかの姿が見えた。ようやく気づいたのか、ちらっとこちらを見て、すぐにまたうつむいた。

「入っていい?」

勝手にドアを開けておいてそんなことを言うのもおかしな話だが、やはり気が引けるものだ。

返事はなかったが、靴を脱いで部屋に上がり、定位置となったベッドの横に置いてある椅子に腰かける。

「薬飲んじゃったの？　意識はある？」

ゆかはゆっくりとうなずいた。ODと言っても、意識を失うほどの量ではなかったようだ。体質や薬の種類にもよるのだろうが、普段から薬を処方されて飲みなれている彼女が意識を失うためには、相当な量が必要なようだった。

「たぶんこのくらいの量じゃ、眠くなるくらいだから、大丈夫です……」

台所を見ると、ゆかが飲んだ薬のシートが水の入ったグラスの横に置いてあった。全部で十五錠ほど。たしかにニライカナイを下見くらいはできる量かもしれないが、致死量ではない。

　しばらくの沈黙の後、ゆかが口を開いた。

「あの、ぜんぜん関係ないんですけど、うつになってから思い出したことがあるんです」

ゆかが思い出したというのは、幼い頃の記憶だった。

「母親が、私のことを部屋で蹴飛ばしているんです。お腹とか何回も何回も。やめてって言ってもやめてくれなくて、ずっとお腹を蹴飛ばされ続けた記憶……」

幼い頃に、ゆかは母親から虐待を受けていたという。

「最初は、こうやって彼氏の部屋に住むなんて、許してくれなかったんです……。まさかレイプされたなんて親に言えなくて、でも実家にいるとすごくストレスが溜まってしまって、とにかく出たくて……」

ゆかは母親に虐待の記憶を話した。母親は、ゆかのうつ病や自傷行為の原因が自分にあると感じ、結局ゆかが彼氏と同棲することを許してくれたという。レイプだけではなく、幼児期の記憶も、彼女を苦しめているようだった。

その日、ゆかは早めに眠った。薬を飲んだ後ということで気になったので、いつもの時間まで部屋にとどまることにした。当初は朝まで起きていようと思ったが、睡魔に勝てず、気づいたときには朝五時半になっていた。ゆかを見ると、寝息を立てている。このまま寝かせておけば大丈夫だろう。そう思い、六時過ぎに彼女の部屋をあとにした。

●

結局、夜中にゆかの部屋に行くのはそれが最後となった。翌日からゆかはアルバイトが忙しくなり、四日間泊まり込みで働いていた。うつ状態が酷いにもかかわらず、よく働けるものだと感心したが、やはり無理がたたってか、アルバイトの翌日、ゆかは急患で運ばれた。手首をかなり深く切り、十針も縫う大怪我になってしまった。その出来事は後になってから電話で聞かされた。

「やっちゃいまして……。彼氏にも迷惑かけてしまい……」

何より無事だったようなのでよかったが、それが原因で入院することになった。

「今は実家に戻ってきているんです。あと、三月二日から入院することになったんです。閉鎖病棟なんで、面会とかもできないらしくて……。二週間くらいだと思うんですけど、出てきたらまた連絡しますすね」

ゆかの入院は二週間と決まっていた。ゆかの主治医は二週間以上ゆかを入院させようとしなかった。医師も看護師もそばにいて、同じような境遇の人たちがいる「居心地の良い空間」に慣れてしまい、そこから抜け出すことができなくなってしまうのを危惧してのことだという。

二週間後、ゆかから退院したとの知らせが届いた。三月末で彼氏の家から引っ越し、四月から大学に通う弟と二人暮しを始めるという。場所も少し離れた下町のほうになるとのことだった。

●

ゆかと次に会ったのは四月下旬、引っ越した先のアパートだった。調子は少しずつよくなっていたが、まだトンネルの出口は見えていないようだった。ただ、弟とはとても仲が良いようで、以前より明るく見えた。

「今日、特にやることないんですけど、映画でも見ます?」

ゆかはそう言ってDVDを取り出した。「ニライカナイからの手紙」というタイトルが印刷されていた。沖縄の竹富島から上京してくる女の子が主人公のその映画は、ゆかのお気に入りで、何度も見ているようだ。

「竹富島、何度も行ったんです。また行きたいなぁと思って。あそこに行くと、ほんと調子がよくなるんです」

映画を見終わり、ゆかが隣の部屋で大学の課題に励む弟に声をかける。

「私そろそろ寝るから」

そう言って、奥の部屋に入り寝る準備を始めた。ゆかが着替えている間、弟は心配そうな表情を見せて言った。

「姉が切ったりとか薬をたくさん飲んだりとか、そういうところ見たことなくて……」

身内が自傷行為に苦しんでいる姿を見て、辛くない家族はいないだろう。弟と会話を交わしていると、着替え終わったゆかが部屋のドアを開けた。

「そろそろ横になりますけど、適当にくつろいでいってください」

そう言うと、ゆかは部屋のベッドに横になった。以前に比べると、不眠症も少しはおさまっているようだった。

●

その数日後、またゆかのアパートを訪ねることになった。今度はゆかの彼氏もいっしょだった。ひさしぶりに顔を合わす彼氏は、いつものように優しい表情をゆかに向けていた。

「ちょっと大変だったんですよ」

「ほんと、ごめんなさい……」

聞くと、ゆかがオーバードーズして、彼氏がかけつけたのだという。

「おねえちゃん、何を言っていたかとか覚えてないでしょ?」

「ほんと何も記憶にない……ごめん」

入院して調子は良くなりつつあったが、まだ快復までは少し遠いようだった。

「ゆかから聞きました?」

彼氏がそう切り出した。何のことかと尋ねると、入院中の話だという。

「ほんと、自分でもバカだと思うんですけど……。調子最悪のときでどうしようもなかったたっていうか……」

少し怒った口調でゆかは話しはじめた。入院中、ゆかは閉鎖病棟に入っていた。そこには一人の男性看護師がいて、ゆかに近づいてきたという。結局そのままレイプされてしまう。調子が悪く、抵抗する気力もなかった。気づいたらレイプされていた。そんな状態だったという。

「私だけじゃないんです。ほかにも被害に遭っている人がいるんです。でも精神的に最悪なときだから、もう何も考えられないし、抵抗するにも気力がないっていうか……」

まるで小説の中の出来事のようだった。病院に責任を求めるべきだと思ったが、証拠もないため相手にしてもらえないようだった。本人のショックが気になったが、彼氏の精神的なショックのほうも気になる。愛する恋人が二回もレイプの対象になってしまったのである。もし自分が彼の立場だったらどうなってしまうだろう。こうして目の前で話を聞き、それを想像しようとするとあまりに怖くて、ある一線以上は考えないように脳みそが勝手に思考を停止させてしまう。

●

ゆかの彼氏をよく知る僕の親友が言っていたことを思い出した。

「あいつは偉いよ。本当に責任感強いっていうか。ゆかがいろいろ大変な目にあっても、ずっとそれを支え続けて、本人も辛いだろうけど、ゆかのことちゃんと見守り続けてるんだから」

ゆかの彼氏は少し天邪鬼なところがあった。人に辛いなどと口にしない青年だったが、こんな耐え難い話が出ても取り乱さない姿は、逆に痛々しかった。

しばらくして「ちょっとその辺に飲みにでも行きますか」とゆかの彼氏が言い、三人で近所の立ち飲み居酒屋へ行くことになった。二人の後ろ姿は、下町に浮かぶ夕日によく映えた。

●

連絡は取っていたが、それからしばらくゆかに会わない日々が続いた。そんな六月のある日、ゆかから電話がかかってきた。

「つい先日なんですけど、初めて、自然に、薬を飲み忘れたんです」

その言葉を最初どう捉えてよいのか分からなかったが、声の調子から前向きな出来事だったのだろうと想像できた。

「今まで必ずしてきたことなんですけど、なんていうか、飲まなくても平気だったっていうか。ほんとただ飲み忘れたんじゃなくて、調子がいいから飲むことを忘れていたというか。なんだか長かったトンネルを抜けられるんじゃないかって思うんです」

そう話すゆかの声のトーンは、今までとは違っていた。

「三月に入院して、病院から出てきてからはリストカットもしてないし、以前に比べれば調子が安定してきたような気がして」

希望の光が射してきたような、聞いているこちらまで嬉しくなるような、そんな声だった。

●

次にゆかと会ったのは、七月末だった。沖縄で知り合った友達と新宿にあるデパートの屋上のビアガーデンに行くそうで、僕もいっしょにと誘われた。まだ不眠症などは続いているようだったが、以前に比べるとゆかの調子は格段に良くなっていた。沖縄話に花を咲かせながら、ゆかも彼氏も真夏の生ビールを楽しんでいた。

●

八月のある日、調子のよくなっていたはずのゆかから電話がかかってきた。声が上ずっていて通常のトーンではない。

「今から病院行くんですけど、なんか私すごくテンション高くて。なんか変ですよね？　すごく興奮状態っていうか、テンション高くて変なんです」

その数日前、ゆかは久しぶりにオーバードーズしてしまい、救急車で都内の病院の集中治療室に担ぎこまれた。嫌になる出来事があり、薬をたくさん飲んでしまった。調子が良くなっていた分、落ち込んだときのギャップが大きく、薬も予想以上に効きすぎてしまった。ぐったりとして動かないゆかを帰宅した弟が発見し、救急車を呼んだ。幸い大事には至らず、翌日には退院となったものの、具合がすぐれないため、また入院するという。

「ODした日はお盆休みの時期だったんです。三月に入院したところに行ったんですけど、ベッドが空いていなくて」

精神科はどこも満床であることが多いという。ゆかはベッドが空いていた板橋区の病院に向かう途中だった。

「あ、もうすぐ着きます。たぶんそんなに長くないと思いますけど、退院したらまた連絡します！」

いつもと違い躁状態のゆかは、そう言って電話を切った。

結局ゆかは五日ほどで退院した。浮き沈みはあるものの、以前に比べれば少しずつ安定していった。

それからまたしばらく間があき、次にゆかと会ったのは十一月末だった。ゆかは確実に回復しているようで、その表情も以前と比べて明らかに血色がよくなっていた。リストカットやオーバードーズの話も出ず、その年度の後期、休学してしまったことを少し後悔しているようだった。

「もう学校行ける気がするんです。休学しなければよかったかもしれません」

話す口調も以前のように弱々しくはなく、はっきりしている。

●

年の瀬迫る十二月二八日、再びゆかの部屋を訪ねた。その日は今まで撮った写真をもう一度見せることになっていた。写真を眺めながらゆかはゆっくりと言葉を選ぶように話しはじめた。

「今思い返すと、懐かしいっていうか、もう全部思い出なのかなって思えるんです……。たとえばそのときの写真を見ても、そのときの日記を見ても、今見るともう、そのときはそうだったんだなって一歩離れたところから見られるようになったし。今はもうまったくそんなことしたくないと思うし、そんなことできないと思うし、でもそのときは、仕方なかったっていうか。まだODしたくなることもたまにあるけれど、それも自分で止められるようになったし、リストカットすることは一生ないだろうと思うし。何かが起きたときに、すぐに行動に移してしまうのではなくて、少し考えてから動けるようになりました」

この数カ月で、ゆかは自分自身の過去を冷静に見つめられるようになっていた。薬もまだ飲んではいたが、自ら医師に減らしてもらうように言った。抗うつ剤も、薬事法で定められている最大量を飲んでいたが、処方される量はその半分までになっていた。不眠症もよくなり、睡眠導入剤を飲まなくても眠れるようになった。ゆかは話を続けた。

「感情の起伏が激しかったから、気分が落ち込んだりするときは自分でもどうしていいか分からなかったんです。結局リストカットとかODとかに逃げていたのかもしれないけれど、私にはそれしか方法がなかったから、逃げ道を知っていたのは悪いことじゃないと思っています」

●

四月からゆかは大学に復学することになった。もう人混みの中でパニック障害になることもなくなった。まだ少し薬は飲み続けていたが、もうほとんど治ったと言ってよい状態になっていた。大学を卒業するまでにもう一年半かかるものの、人混みを恐れなくてよくなったので問題なく学校に通えるようになり、彼女の人生は徐々にもとに戻りつつあった。授業に出て友達に会い、お酒を飲み、旅行に行く。リストカットやオーバードーズをすることもなく、パニックになることもない。付き合っていた彼氏とは前年末に別れてしまったが、仲が悪くなって別れたわけではないようで、いまだに連絡を取り合っているという。

ある日ゆかが、なぜ病気が快方に向かっていったのかを話してくれた。

「最初は去年の二月の終わり頃だったと思います。すごく調子の悪いときだったけど、彼氏に言われた一言がきっかけだったのかな」

調子の良くならないゆかに彼氏は少しきつい言葉を投げた。

「それでいいの？」

その直後に入院して、少し調子が良くなってきた八月、また彼氏は同じことをゆかに言った。

「そのままでいいの？」

彼氏のその言葉がなかったら、立ち直ることはなかったとゆかは言う。

「リストカットとかODを繰り返していたときって、内に内にこもっちゃうというか。自分のことを客観的に見られなくなっちゃうんです。それは仕方ないことだと思うけれど、私は彼氏のその言葉でパッと考え方が変わった瞬間があったというか……それは時間の流れの中で言うと点のようなもので、その一瞬を境に変わりました」

ゆかはその彼氏の言葉で思ったという。

「私、こんな自分じゃ嫌だ」

辛い状況を続けるのが嫌だという意味もあったようだが、それよりは自分のプライドが落ち込んでいる自分を許せなかったという。確かにゆかは負けず嫌いで、プライドが高い女の子だった。

それから調子が良くなっていくうちに、薬を減らしたいと思うようになった。飲みたくなっても飲まないようにしていたという。自分で自分にプレッシャーをかけ、「飲んだら負けだ」と言い聞かせた。飲めば元に戻ってしまう。そんなことを繰り返していると、自然に飲まなくても平気になっていった。ただ、夜は薬を飲まないと眠れなかった。今まで薬を飲み続けていたので、体が薬なしで眠ることができなくなっていた。精神的なコントロールでどうにかなるものではなかった。その分は少しずつ減らし、眠れなければ飲み、そしてまた減らしていった。

「昔はもっと薬がほしいって思うこともありました。ネットでこの薬を飲んだらどうだとか、効き目が強いだとか、調べるといろいろ出てくるんです。でもとにかく薬を減らしたくて。こんな生活早く抜け出したいと思って」

ただ、気持ちの面ではほぼ治ったと思っていても、減らしているとはいえ「薬を飲み続けているからこそ、今は調子がいいのかもしれない」という思いは消えることがなかった。

それから三カ月後の七月十三日の金曜日。あまりおめでたそうに見えないこの日付は、ゆかにとってめでたい日となった。病気が治ったのだ。

「今日で病気とさよならしました。今までありがとうございました。もうこれで後戻りすることはありません」

この日を境にゆかはゆかの中で病人ではなくなった。

●

「完治」したゆかに会ったのは、それから半年後、大学の食堂だった。

「病院の先生にどうなったら治ったと言えるのか聞いたんです。そしたら『自分で自分のことをコントロールできるようになったら治ったって言うんだと思うよ』って言われて。それで『結局それって薬を飲まなくていい状態のことじゃない？』とも言われて。あ、そうなのかなって。私はもう薬を飲まなくても大丈夫って思っていたから、結局、私はその『治った』っていう言葉がほしかったんだなって」

薬は医師が何かのために持っておけばと言うので、一応持ち歩いているが、まったく飲んでおらず、もう飲むことは絶対にないという。

「人間ってすごいなって思うんです。すごく辛い経験だったはずなのに、振り返るとキラキラした楽しい記憶しかないんです。人間ってこれだけ忘れられるんだなって。昔の日記とか読み返すと、あ、こんな頃もあったのかくらいにしか思えないっていうか」

ゆかの口からは、取材を始めた当時からは考えられないほど前向きな言葉がつぎつぎに出てくる。ほんわかした雰囲気で、でもはっきりとものを言う、しっかりとした女の子。これがゆか本来の姿なのだろう。最初は弱々しいゆかしか知らなかったが、徐々に彼女の本来の姿を知ることになった。

「でもああいうことがあったから、周りの人との絆も深まったと思います。みんなに分かってほしいとは思わなかったけど、近くにいる人たちは分かってくれましたし。辛かったけど、自殺しなかったからこそ今の自分がここにいるし、ああいうことがあって良かったとはいえないけれど、そういう人生なのかなって。誰でもつまずくことってあるんだと思います。ただこれを乗り越えたことは大きな自信に繋がりました」

境界性人格障害は治らないという人もいる。それについてゆかは、少し強い口調で言った。

「完治はないって言う人もいるけど、誰でも落ち込んだりイライラしたりすることはあるでしょう。私は自分の中でちゃんと区切りをつけたいと思ったんです。だから私は治ったって言いたいし、そう言います。そのくらい意地になってもいいんじゃないかな」

これからゆかは就職活動に励むという。一時、看護師を目指そうとしたが、今は早く大学を卒業し、社会に出て働きたいという思いが強い。

さしずめ今のゆかの悩みは、今後の大学生活をどう過ごすかだ。

「何かやりたいんですけどね。あと一年半あるから充実させたいし」

そこに病気に苦しむ影はもうない。あるのは、元気で勝ち気な女の子の姿。旅行が好きなので、どこに行こうかと予定を練ったりもしているという。もう一つ出てきたのは、どこかに素敵な男子はいないかといった話。今までとは違い、自由に動き回れることを楽しんでいた。一時間ほど話をすると、ゆかは席を立った。

「じゃあまた！」

そう言って去っていくゆかの姿は、

「長いトンネルを抜け、いま私はここにいる」

そんなことを全身で言っているかのような存在感に満ちていた。

凪《なぎ》ちゃん——繰り返す日々の営み——

二〇〇七年の一月中旬、友人と二人で落ち込みながら新宿で酒を飲んでいた。母校のラグビー部が大学選手権決勝で負けたのだ。応援にかなり熱を入れていたので、ノーサイドの笛で頭が真っ白になった。ようやく敗戦のショックから立ち直った数日後、mixiを開くとメールが一通届いていた。

「取材お受けしてもいいですよ。今は東京に住んでいます」

ネット上の取材対象者募集の書き込みを見て連絡をくれたとのことだった。「まずはどこかで会って話をしたい」、そう送ると、「それでは、近々どこかでお会いしましょう」と返信があった。

●

彼女の名前は「凪ちゃん」といった。皆からそう呼ばれているというので、同じように凪ちゃんと呼ぶことにした。

凪ちゃんと初めて会ったのは、最初の連絡からしばらく経った二月初旬の午後。僕の自宅から十分ほどのところにある西武池袋線沿線の喫茶店だった。彼女が通院している精神科がこの駅前にあった。こんな偶然もあるのかと、喫茶店の階段を上がると、二階の一番奥のカウンター席に凪ちゃんらしき人が座っているのが見えた。

「すみません。岡原と申しますが、凪さんですか？」

「はい、そうです」

そう言う凪ちゃんは小刻みに震えていた。初対面の人間に会うことに怯えているのか、人混みの中にいて調子が悪くなったのか。どちらかは分からなかったが、とにかく彼女の震え方は普通ではなかった。

凪ちゃんの隣の席に座り、注文したコーヒーを一口すする。凪ちゃんは最初と変わらず緊張しているようで、窓の外を眺めて小刻みに震えている。初対面なのでこちらも緊張してしまうが、なんとか緊張をほぐそうと思い、口を開いた。

「あの、取材に興味をもっていただいてありがとうございます」

「いえ……」

取材について話を始めた。取材はあくまで雑誌や写真展、書籍などでの発表を前提にしていること、取材に関してはできれば数日間〜一週間程度、二四時間いっしょに過ごさせてほしいこと、またそれを数回行いたいこと、写真については目に黒い線などは入れないこと。最後に、実際に発表できるようになるかは分からないということも正直に話した。

「かまいませんよ」

すべて話した後に返ってきた言葉がその一言だけだったので、よけい言葉につまってしまった。取材をさせてもらう立場としておかしいとも思ったが、なぜ取材を受けてもよいと思ってくれたのかが気になった。あまり人と接するのが得意ではなさそうな印象を受けた。

「いや、なんか……役に立てたらと思って。あと、自分のことを見直すいい機会になるんじゃないかと……」

凪ちゃんの言葉は、木部ちゃんが語った理由と同じだった。

その日はそのまま別れることにした。本当は診察があったようだが、その日の診察は行かないとのことだった。

理由を尋ねると、病院での自己負担が一割になる証明書がまだ届いていないらしく、それがないと三割負担になるという。障害者自立支援法が施行されてから、患者の負担は増えた。以前は五%の負担でよかったが、今では十%になった。経済的にあまり余裕がないので、証明書が届く翌週までは我慢して病院へは行かないという。生活について詳しくは聞かなかったが、定期的に収入を得られているのか少し気になった。

●

二月はメールなどでやりとりをし、近況を聞いたりしていた。新しい仕事を探しているようで、ハローワークに通ったり、面接を受けたり、忙しい毎日を送っているという。ただ、そういった日々のストレスが重なり、うつが酷くなることも多かった。それでも三月下旬には新しい仕事が決まった。三カ月は研修期間だが、正社員として採用されたということで、「がんばる」とメールの内容は前向きだった。

何より仕事が決まれば収入も安定する。収入が安定すれば生活の心配をする必要もない。ただ、面接のときに「うつ病」のことは隠し通した。もしうつ病だと知られると、「確実に落とされるから」と、恐れていた。

凪ちゃんだけではなく、うつ病の人の多くが、アルバイトや就職の面接のときに「うつ病」であることを隠すというのはよく聞く話だった。凪ちゃんは収入のこともあるため、ハローワークでは障害者枠で仕事を探すことはしていなかった。調子が良ければ特に問題なく仕事をこなせる。ただ調子が悪くなると仕事などできる状態ではなくなってしまう。賭けのようなものだが、一人暮らしの凪ちゃんにほかの選択肢はなかった。とにかく仕事をしなければ生活していけない。その新しい仕事は三月一日から始まるという。

●

次に凪ちゃんに会ったのは三月十日。場所は凪ちゃんの自宅からすぐの駅構内にある喫茶店だった。彼女の住まいは病院がある駅から数駅しか離れていない私鉄沿線にあった。特に調子が悪いといったことは聞いていなかったので、仕事もうまくいっているのだろうと思っていたが、現れた凪ちゃんの顔色が良くない。精神的に調子が悪いというよりは、風邪などで体調がすぐれないように見える。顔は青ざめて脂汗を滲ませていた。

「大丈夫ですよ」と引きつった笑顔でレジに飲み物を注文しにいく彼女の後ろ姿は、やはり「大丈夫」には見えない。足元がふらつき、今にも倒れそうだ。コーヒーを買って戻ってくると凪ちゃんは口を開いた。

「いや、じつは今日から会社休んでいて……」

息苦しそうに言う彼女に、どうしたのか尋ねると、

「インフルエンザなんです」

せっかく働きはじめたばかりなのに、運が悪いとしか言いようがない状況だった。会社は環境も良いようで、精神的には何の問題もなかったという。

「あまり休みたくないんですけどね。病院に行ったら最低でも数日は休まないとだめだって言われて……。実際に体が動かないので、行っても迷惑になるだけだと思うんですが……」

そんな状態で外出してはさらに体に悪い。とにかく帰って休んだほうがよいと彼女を促し、そ

の日はそのまま別れることにした。

それから一週間後、また凪ちゃんに会うことになった。まだ調子が戻らないらしく、もう一週間会社を休んでいるという。精神的に調子がよいときにインフルエンザにかかってしまい、それが原因で精神的にも調子が悪くなってきてしまったようだ。駅に着くと凪ちゃんが壁にもたれかかっているのが見えた。初めて会ったときのように震えていて、目の焦点が定まっていない。パニック発作を起こしているようだった。外で話しなどできる状態ではなく、凪ちゃんのアパートに向かった。

凪ちゃんのアパートは駅前の商店街を抜け、十五分ほど歩いたところにあった。ロフト付きの天井の高いワンルーム。家賃は四万二〇〇〇円。都心まですぐに出ることができるが、住所は埼玉県なので安いのだという。それでも仕事に困り、しばしば家賃を滞納することもあった。

「散らかってますけど、どうぞ」

うつろな声で通された部屋にはペットボトルや空き缶が散らかっていた。壁にはTM NETWORKのポスターが何枚も貼ってある。二二歳と若いわりには少し古いミュージシャンが好きなようだ。特に宇都宮隆のファンで、彼のライブにはたまにでかけるという。

部屋に戻りしばらくすると、震えも止まり、落ち着きを取り戻したようだった。

「なんか、やっぱり人混みって苦手で。さっきも発作が起きてやばかったです」

パニック発作は、いつ起こるのか本人にも予測できない。突然、過呼吸になり倒れることもある。その恐怖のため、よけい引きこもりがちになるという。

「このままだと仕事やばいんですよね。クビになるの確実ですよ……。もう一週間も休んでるし。せっかく就職できたと思ったら、うつじゃなくてインフルエンザなんて……」

そして仕事を休んだことが原因でまたうつになっていく。運が悪いとしか言いようがなかった。インフルエンザの症状は快方に向かっていた。ただ、いつもうつのために飲んでいる薬を、インフルエンザのために飲んでいなかったようで、逆に頭がフラフラするという。凪ちゃんは普段から一回に十八錠近くの薬を飲んでいた。精神科で処方されたものだそうで、それを飲まなくては普通に生活ができないという。手にとって見せてくれたが、薬だけで満腹になってしまいそうな量だった。

「来週からは絶対に仕事行こうと思っています」

そう言う凪ちゃんの顔は青白く、とても仕事をできそうな様子ではなかった。精神的なものはアップダウンが激しいので、月曜日までによくなる可能性はあるのだろうが、それでも少し難しいように思えた。

それからさらに一週間、凪ちゃんはまだ仕事に復帰できていなかった。すでに二週間休んでいることになる。

一日、また一日と、仕事を休むたびに凪ちゃんのうつは酷くなっていった。仕事を休むことで自分の中で自分の価値をさらに低く見積もってしまい、それがさらにうつへの引きがねになっていた。インフルエンザのために飲んでいなかった薬も飲みはじめた。いつものように大量の処方薬を飲む。頭がフラフラするのは治まったが、ひさしぶりに飲んだために薬の副作用がきつかった。多汗、動悸、倦怠感、手足の震え、集中力欠如、より仕事ができない状態に陥ってしまっていた。

電話をかけると弱々しい声で言った。

「なんか、もうクビになるのはほぼ決定です。就職していきなりこんなに休むなんてありえないですもんね。仕方ないけど……。せっかく仕事見つかったと思ったのに……」

結局、三月中は一度も仕事に行くことができなかった。完全にアパートに引きこもり、外に出ることもできなくなっていた。うつ状態が酷くなり、動くこともできないという。嘔吐癖もぶりかえし、食べては吐く、食べては吐くを繰り返していた。自分自身に何をやらかしてしまうか分からないので、自傷行為を避けるために刃物はすべて引き出しの奥の方にしまいこんだ。

それからさらに一週間、凪ちゃんに電話をかけた。四月の第一週から取材をさせてもらうことになっていた。

「いいですよ。来週からですよね。あ、仕事はクビになるの決定しました。一度会社に行かないといけないんです。もうクビって分かっていて、行くのは、なんだか気まずいです……」

そんな話を聞いた二日後の四月四日、凪ちゃんのアパートに向かった。以前訪れたときと同じようにペットボトルや空き缶が散らかっていて、部屋の中はとくに変わっていなかった。凪ちゃんは別段やることもなく、暇そうにしていた。

「あ、気つかわなくていいんで、適当にくつろいでくださいね」

まだうつが酷いようで、余裕のなさそうな表情をしていた。それでも人と話していると、少しは気分が紛れるようだった。話は必然的に仕事や生活についてのことになった。

「あ、そうそう報告があるんです。今日正式に仕事をクビになりました。次の仕事探さないといけないんですけど、ほんとどうしたものか……。こんな状態じゃ外に長時間出ることもできないし」

たしかに働かないで生活をしていくことはできない。しかし、うつが酷い状態で仕事が見つかったとしても、実際に働けるのかどうか疑問に思った。ただ、凪ちゃんの経済状態は切迫していた。テーブルの上に家賃の督促状が置かれているのが見えていた。それに気づいたのか、凪ちゃんがその紙切れを見せてくれた。

「これね、アパートの家賃。先月払えなかったんです。だから今月はなんとかして払わないと……」

ただ、そんなお金を凪ちゃんが持っているとは思えなかった。両親に借りるわけにはいかないのだろうか。凪ちゃんの家族についてはまだ何も聞いていなかったので、両親がいるのかどうかも分からなかった。

「凪ちゃん、失礼だけど、ご家族はいらっしゃるの？」

そう聞くと、気だるそうに凪ちゃんは答えた。

「ああ、私、福岡出身なんですよ。両親ともそこにいますよ。妹は都内で一人暮らししています」

一息置いて凪ちゃんがつぶやいた。

「はあ。家賃とか親には迷惑かけたくなくて……。母親は福岡に戻っておいでって言うんです。私が精神科に通っているのも知っているし、無理に東京にいる必要ないんじゃないかって。でもこっちにいたいんですよね」

福岡に戻りたくない理由があるような言い方だった。

●

凪ちゃんの実家は両親、祖父、妹、そして凪ちゃんの五人家族。

「昔は傍《はた》から見たらけっこう幸せな家庭だったと思います」

凪ちゃんの父親は重機の貸し出しをする会社に勤めていた。基本的にオフィス勤務で、家と会社の往復をする生活だった。ただ、凪ちゃんが中学に上がった頃に、営業職になり出張が増えたという。今までまったく遊びを知らない人だったが、そのときに遊びを覚えてしまい、お金の使い方が荒くなっていった。風俗や出会い系にもはまるようになってしまったが、金銭的に家族に迷惑をかけることはなかった。ただ、父親はもともと短気な性格だった。

「沸点が低いっていうか、ちょっと自分の気に入らないことがあったら怒鳴り散らすんです。暴力は振るわなかったけど、ものを壊したりすることが多くて」

遊びを覚えた父親に母親が注意しようとするたびに、父親は怒りをぶつけた。夫婦喧嘩は毎晩絶えることがなかった。夜中には父親の怒鳴り声と母親の悲鳴や泣き声が響いてくるようになった。それまで仲の良かった夫婦は別々の部屋で寝るようになり、母親はリビングのソファをベッド代わりにしていた。

凪ちゃんが中学二年から三年に進級する頃、父親は会社をクビになってしまう。社長のやり方が気に入らなくて、大喧嘩をしてしまったのだ。このときから凪ちゃんの家庭は変わりはじめる。

「すぐにほかの仕事を見つけてはきたんです。でも、今までと同じ額のお給料をもらえるわけじゃなくて」

給料が減っても父親の遊び癖が抜けることはなかった。ギャンブルや風俗、そして出会い系で知り合った女性に貢ぐようにもなっていた。

「あのときは知らなかったけど、家族に内緒でサラ金に手を出すようになったのもこの頃でした」

再就職先でも人間関係がうまくいかず、結局三、四回は退職と再就職を繰り返したという。

父親の遊び癖や再就職などで家庭は揺れていたが、凪ちゃん自身もうまくいかない学校生活で辛い時間をすごしていた。

「最初に精神的にダメになったのは高校一年生の頃ですね」

中学三年の進路決定のとき、凪ちゃんは商業高校を志望していた。ただ、両親と担任の説得もあり、普通高校を受けることになる。みごと合格し、四月から高校に通いはじめたが、凪ちゃんが高校生活を楽しむことはなかった。

「高校に入ったけど、空気が合わないっていうか、誰にも相手にされなかったんです。無視され続けて、存在を否定されている感じで」

凪ちゃんは小学校の頃にもいじめられた経験を持つが、そのときにはまだコミュニケーションがあったという。

「高校でのいじめっていうのかな。コミュニケーションがまったくない状態で、本当に一人ぼっち。家庭環境も影響しているのかもしれません。怒鳴り散らす父親にビクビクしながら育ったから、人の顔色とかすごく気にしちゃうし、小さなことでも怖がってしまうし。人に嫌われるのとかが本当に怖くて……」

確かに凪ちゃんは人に対して臆病なところがあった。はっきりと自分の言いたいことを言えないタイプで、それは人の良さを表してもいたが、社会でやっていくには他人より気力を使わなくてはならなそうだった。結局高校は、入学してすぐに保健室登校のような状態になってしまった。

「教室が三階にあったんです。でも階段を一段昇るごとに動悸が激しくなって、二階まで行くと呼吸困難みたいになってしまって」

結局六月には登校拒否をするようになった。中退しようと思ったが、それだけはなんとか避けてほしいという両親の願いもあり、休学をすることになる。

「一年間は学校に行かずに家に引きこもっていました。あとは精神科に通ったり。うつ病って診断されたのはこのときでした」

精神科ではカウンセリングや、箱庭テストなどの心理テストもいろいろと受けた。しかし翌年の八月になり、休学期限が切れるので、結局は中退することになった。ただ、新しい高校の試験を受けなおした。秋入学の試験には落ちてしまったが、翌年二月の試験には合格し、四月から二年遅れで高校一年生を始めることになった。秋入学の試験を受けた頃にはうつ病もよくなり、病院にも行かなくなっていた。新しい高校では友達もすぐにでき、問題なく楽しい三年間をすごすことができた。

父親はというと、凪ちゃんが高校二年のときにまた再就職をした。仕事は同じで、重機の貸し出しを営む会社だった。新しい会社では営業ではなく、事務関係の仕事をこなしていた。家庭環境は相変わらずだった。毎晩のように怒鳴り合いの夫婦喧嘩が続いた。

「でもある日を境に一家離散みたいになって。日付まで覚えています。私が二〇歳で妹が十八歳の三月十八日……」

その日、父親の借金がばれてしまう。サラ金だけでなく、「娘が大学に行くから」と言って、親戚からも進学費用として一〇〇万円ほど借りていて、それもすべてギャンブルや風俗に使ってしまっていた。母親は父親の借金にうすうす勘づいていたが、その莫大な額に驚きを隠せなかったという。まさかそこまで借金があるとは思っていなかった。ブラックリストに載せられ、ヤミ金融からも拒否されるほどの額だった。

「母親は額を教えてくれませんでした。でも簡単に返せる額じゃないのはすぐに分かりました」

家には毎日三〇通以上の督促状が届くようになった。

夜に父親が仕事から帰ると、家族で問い詰めたという。最初はいつものように怒鳴り散らしていた父親だったが、最後には土下座をして謝った。母親は凪ちゃんと妹を部屋に戻るように促した。娘二人はそれにしたがったが、凪ちゃんは怖くて眠ることができなかった。

「私の部屋は二階にあるんですけど、静かにしていれば一階のリビングで両親が何を話しているのか聞こえてくるんです。そしたら何か変な音というか声がして、急いでリビングに下りていったんです」

リビングで凪ちゃんの目に飛び込んできた光景はショッキングなものだった。母親が自分の首に包丁を近づけて、父親に向かって叫んでいたという。

「あんたがあたしのことを殺しなさい。私には保険がかかっているから、そしたら子どもたちのためにお金を残せるから」

凪ちゃんはあわてて母親を押さえ付けて包丁を取り上げた。最初は黙っていた父親だが、母親の手から包丁が離れたのを見て安心したのか、また怒鳴りはじめた。それを見た凪ちゃんは父親の車のトランクを開けに行った。

「だいたい父親がどこに何を隠しているかなんて分かりますから」

トランクから持ち出したプラスチックの箱の中身を父親の目の前にばら撒いた。するとそこには大量のハズレ馬券などが入っていた。

「母親は前から離婚したいと言っていました。でも私や妹がいるからって離婚するのを我慢してきたみたいだけど、それを見て家を出て行く決心をしたみたいです。保険も、父親は自分の分は解約して、そのお金を遊びに使い込んでいました」

凪ちゃんもこのときに家を出ることに決めた。地元での就職が決まっていたが、福岡にはいられないと思い、就職先と高校に謝罪に行ったという。

　数日後、叔母の住む広島に向かう母親を、凪ちゃんは送り出した。

「母親は叔母と仲がいいとはいえませんでしたけど、そのときはそこしか行くところがなかったんです」

ちょうどその頃、凪ちゃんは以前から約束していた東京の友人に会いに行った。家を出るわけではなく、以前から予定していた通りに、一度東京に向かった。

「そのときにもうアパートの契約をしてきたんです。父方の叔母が私のことを引き取りたいのも知っていたし、とにかく早く出たかったので」

父親の姉夫婦は子どもができず、以前から凪ちゃんを養子にほしがっていた。その叔母から一度食事をしようと誘われていた。ただ、以前から生理的に叔母夫婦のことを受け入れられなかった凪ちゃんは、その誘いを拒んでいた。父親の親戚の間では、すべて母親が悪いことになっていたので、母親が責められるのを聞くのも耐えられなかった。

「ちょうど東京から戻ったら、叔母に会ってしまったんです。家まで送ると言われて、拒んだんですけど、しつこいから、じゃあお願いしますって、車に乗ったら叔母夫婦の家に連れて行かれて」

叔母の家では、いったい何があったのか根ほり葉ほり、しつこく聞かれた。

「そのときにアパートの契約書とかが見つかってしまって、私が出て行くつもりなのが父親にもばれてしまったんです」

凪ちゃんが家を出るつもりでいることを知った叔母は、「うちに住めばいい」と凪ちゃんを説得しようとした。

「説得っていうか、もう軟禁されるんじゃないかって雰囲気で、本当に怖くて……」

凪ちゃんは隙をねらって、夜中に叔母夫婦の家を飛び出した。そのまま実家に戻り荷物をまとめ、友人に車を出してもらって家を出た。友人の家に二、三日世話になり、博多駅から新幹線で母親のいる広島に向かった。

「携帯に父親と叔母から着信が何回もあって、なんか本当に怖かったです」

広島で母親に会ったあと、凪ちゃんはそのまま東京に向かった。

●

母親も広島の叔母のもとでの生活がうまくいっていなかった。

　凪ちゃんの母親は子どもの頃、実の父に虐待をされて育った。上に姉がいたが、父親は姉に対しては優しかった。学校にも満足に行かせてもらえず、子守の仕事などをさせられ、稼いだ金はすべて父親に巻き上げられた。小学校も四年生になって初めてまともに通うことができるようになった。そんな環境の中で育ち、夫とは駆け落ち同然で結婚した。家族の中で凪ちゃんの母親だけが異質だった。

　そんな母親が姉とうまくいくわけもなく、凪ちゃんを追って東京に出てきた。ただ、すでに凪ちゃんは仕事を始めており、妹も専門学校に通って忙しく、結局、母親は福岡に戻ることになった。

福岡を出るときに離婚届けを置いてはきたが、結局離婚はしなかった。母親は凪ちゃんに言った。

「私にはほかに行くところもないし、こういう運命だって受け入れるしかないのよ」

凪ちゃんはというと、東京での新しい生活を楽しんでいた。週五日働き、友達も少しずつ増え、何の問題もないかのように思えた。

「クレーム対応の部署で働いていて、いつの間にかストレスが溜まっていたんでしょうね。自分でもおかしいなって思うくらい挙動不審になって、たばこを吸いはじめて、気づいたらリストカットをしてて……」

そんな状態の凪ちゃんを見て、東京に来るきっかけになった友人をはじめ、凪ちゃんの周りから友人たちが離れていった。

「気持ち悪いって言われちゃって、音信不通になって。携帯電話は着信拒否されてしまいました」

そんな状況がさらに凪ちゃんの精神状態を悪化させた。仕事もまともにできなくなり、精神科にかかると「うつ病」と診断された。

「またか、という感じでした。うつ病の引き金となったのは仕事でのストレスでしたけど、子どもの頃の生活環境や家庭での出来事が下地になっているのかもしれません。高校のときにちゃんとうつ病を治さないでここまで来てしまったから」

父親が常に怒鳴り散らす状況で育った凪ちゃんは、人に対しておびえる癖がついてしまった。人の顔色を窺い、人に嫌われることを極端に恐れてしまう。アダルトチルドレンのようでもあった。

父親はというと、借金をなんとか返しているようではあるが、稼ぎが多いわけではないので、利子を払い続けているような状態だという。

「母親も詳しいことは教えてくれません。私や妹に心配をかけたくないんでしょうけど、娘としては、知らされないほうが心配になります……」

うつ病に父親の借金、そんな精神的飽和状態で就職をしてもなかなか続かず、東京に出てきてからはすでに四回仕事を替えた。そしてその四回目の仕事を今回クビになってしまったのだ。

●

凪ちゃんは一通り話し終わるとテレビをつけた。午後七時を過ぎ、外はすでに暗くなっていた。

夕飯でも食べないかと聞くと、

「私はお腹空いてないんで。食べても吐いちゃうし。大丈夫です。もし何か買いたいなら近くにコンビニありますけど行きますか？」

凪ちゃんのアパートから歩いて五分ほどの距離にコンビニが一軒あった。販売している酒の種類の多さを見ると、もとは酒屋だったようだ。凪ちゃんはお酒が好きで、部屋で一人で飲むこともあるという。

コンビニではカップラーメンとポテトチップス、ウーロン茶を買った。アパートに戻ると、テレビを見ながらボーっとする時間が流れた。ブラウン管の中ではお笑い芸人が叩いたり叩かれたり、体を張った芸をしている。とくに面白い番組もなく、時間だけが過ぎていく。夕飯らしい夕飯はとらず、凪ちゃんはポテトチップスを数枚、口に運ぶと、「薬、飲まないと」と言って処方された薬の袋の束を取り出す。プチッ、プチッ、と夕飯後に飲む薬を手の平に出していく。五分ほどかかってすべて取り出すと、手のひらには小さな山ができていた。

「凪ちゃん、何錠飲まないといけないの？」

あまりの多さに、ついつい聞いてしまう。

「ええと、十八錠。一回がこのくらいです」

一日に三回薬を飲むことを考えて単純計算すると、十八×三で五四錠。もし自分が飲んだら一瞬で意識を失ってしまいそうな量だ。

「飲んでいるうちに体が慣れてくるんですよ。だからこれでも効かないことがあるんです。かといって量を増やしてくれって言っても、お医者さんもそう簡単には増やしてくれませんし。効かないと本当に辛いんです……」

コップに水を用意し、ジャラジャラと薬を口の中に流し込む。夜十一時を過ぎ、テレビの中ではニュースキャスターがその日あった出来事を読み上げている。凪ちゃんはうつが酷いようで、会話もあまり続かない。しばらくして凪ちゃんが、「そろそろ寝ますかね」といって、また薬の袋を手に取った。

「あれ、さっき飲んだんじゃないの?」

そう聞くと、

「いや、寝る直前に飲む薬もあるから。睡眠導入剤です。これ飲まないと眠れなくて。飲んでも眠れないけど」

以前、ゆかも同じような薬を飲んでいたのを思い出した。彼女も夜まったく眠れずに、二、三日寝ないことが頻繁にあった。

「でも、悪夢を見ることがすごく多くて、それも怖くて眠れないんですよね」

今度は一錠だけ口に運ぶと、ロフトに上がっていった。この部屋は天上が高いのでロフトの位置も高く、二メートル以上ある。足を滑らせて階段から落ちたら怪我をしてしまう高さだ。

「適当にくつろいでくださいね。眠くなったらこの布団使ってください」

そう言って、ロフトから布団を降ろしてくれた。結局その日はそのまま眠ることにした。

朝になり布団をたたんでいると、凪ちゃんがロフトから顔を覗かせた。あまり眠れなかったらしく、疲れた表情をしている。ロフトから降りてきて買ってきてあったパンを食べる。そして昨晩のように薬をプチップチッと手の平に用意する。そのままジャラジャラと口の中に運ぶ。薬を飲むというよりは、何かを食べているように見える。

「今日は何をしましょうかねぇ」

仕事を探さなくてはならないが、うつが酷くて体がついてこないという。

昼過ぎになり、近所のスーパーに行くというのでついて行った。パンや菓子類を買い、隣にあるレンタルビデオ屋に入る。

「何か映画でも見ましょう」

そう言って凪ちゃんはＤＶＤを三枚借りた。アパートから近いのでよく借りにくるのだという。

部屋に戻ってからは夜まで映画を見てすごした。凪ちゃんも映画に集中しているのか、表情が暗くなることも、うつ状態が酷くなることもなかった。何かほかに集中できることがあれば、うつも良くなるのではないかと以前は思っていたが、一時的に解放されるにせよ、そんなに簡単に治るものではないということは、ほかの取材対象者を見て分かっていた。

借りた映画をすべて見終わった頃には外は暗くなり、時間も夜九時を過ぎていた。さすがに映画三本分の時間、テレビ画面に釘付けになっていたので、二人とも疲れてぐったりしてしまった。凪ちゃんはこの日もほとんど夕飯らしい夕飯を食べなかった。買ってあった菓子類を少し食べ、また同じように薬の袋の束を取り出す。十八錠。ジャラジャラと口に含み、水で流し込む。薬で満腹になることはないのだろうか。昨晩感じたことをたずねると、

「お腹いっぱいになることはないですけど、飲むのが大変だなって思うことはありますよ」

そういって薬の袋をしまう。動く手首には無数の傷が見える。切りすぎたせいか皮膚が硬くなっている部分もあった。

自傷行為を始めるきっかけは人それぞれだが、凪ちゃんはどこでそれを覚えたのだろうか。自傷行為をする人の間では有名な南条あやの本なのだろうか。自傷行為を繰り返し、最後には薬を飲んで死んでしまった女子高生の日記で、一度読もうとしたことはあるが、明るい調子の文章と、書いてある内容の痛々しさのギャップについていけず、最後まで読み終えることがで

きなかった。凪ちゃんが自傷行為を知ったのは、その本ではなかった。

「自傷行為そのものは、どこで知ったのかまったく覚えていません。ストレスで追い詰められて、生きているかどうかの確認のような感じで切ったらそんなに痛くなくて」

痛くないという感覚がおかしいと感じた凪ちゃんは、さらに切ってみた。しかし、それがそのまま癖のようになってしまう。最初は手首だけを切っていたが、傷跡が硬くなり、刃が通らなくなってしまったので、次は腕を切るようになったという。

凪ちゃんに腕の傷はどうなっているのか見せてもらった。そこまで深すぎるということはないが、切り傷がびっしり残っていて痛々しい。

「切っているときは痛い？」

「意識が遠のいて切ってるときもあるから、そういうときは痛くないけど、意識がしっかりあって切ってしまうこともあるから、そういうときには痛みを感じます」

「やめたいとは思う？」

「やめたほうがいいとは思うんですけどね。なんか自分でも甘えなんじゃないかって思うし。でもどうしても切ってしまうときがやっぱりあって……」

やめたいけど、やめられない。今の状態ではどうしようもなさそうだった。少しずつ回復していくしかない。それは本人が一番自覚していた。

　そんな話をしていると、時計はすでに十二時を回っていた。

「じゃあ、寝ますか」

そう言うと、凪ちゃんは就寝前の薬を一錠飲み、ロフトへ上がっていった。

「おやすみなさい」

ただ、凪ちゃんにとっては、また眠れない夜が始まる時間だった。

●

翌朝、ロフトから降りてくると、凪ちゃんは保険証を手にとって眺めていた。

「保険証の期限がもう切れるんです。新しいのが必要なんですけど、福岡で母に新しいものを取ってもらわなくてはならなくて」

翌日は病院の予約が入っているが、月初めの診察なので、新しい保険証が必要になるという。何度も通っている病院なので、保険証が届いてから見せれば問題ないようにも思われた。ただ、そういった小さな不安要素が、うつ状態の凪ちゃんの精神には大きく影響してしまう。

　その日も昼過ぎまでだらだらとテレビを見てすごした。凪ちゃんは仕事を探さなければならないと焦っていたが、ハローワークに行くことさえままならない状態だった。今の状態で人混みに長時間さらされれば、パニックで過呼吸になり倒れてしまうのは明らかだった。

その日の凪ちゃんの昼食はパンだった。やはり食欲がないようで、菓子パンを一つ食べただけで終わってしまった。午後は凪ちゃんの部屋に置いてあったプレイステーションで遊んですごした。以前に一度遊んだことはあったが、テレビゲームとは無縁の生活なので、たまに遊ぶと面白い。凪ちゃんも普段はあまり遊ばないらしく、ひさびさだと言った。戦国時代がモデルのアクションゲームで、あまりに夢中になってしまい、気づいたらすでに日が暮れていた。

凪ちゃんの夕飯はまた菓子パン一つだった。やはりうつ状態が酷く、話はできるものの、時に無口になってしまう。結局、テレビを見てすごすことになった。ちょうどバラエティ番組が流れていて、司会がゲストのタレントに絡んで話を面白くしている。すると凪ちゃんが立ち上がってユニットバスに入っていった。しばらくして嘔吐する音が聞こえてきた。嘔吐癖の抜けない凪ちゃんは、夕飯に食べた菓子パンをもどしたようだった。ユニットバスから出てきた凪ちゃんは辛そうな表情で言った。

「吐いちゃうんです。なんかもうどうしようもなくて……」

嘔吐を繰り返すので喉も荒れてしまう。精神的にも肉体的にもまさに満身創痍の状態だった。

結局空っぽになった胃で薬を飲まなければならない。胃薬もいっしょに飲んではいたが、食事を摂らずに服薬することは決して体によくはない。その日の夜もいつものように十八錠の薬を流し込んだ。

寝るまでにはまだ時間があったので、バラエティ番組を見続けた。凪ちゃんも番組を楽しんでいた。しばらくして凪ちゃんが静かになった。テレビを見ているだけなので、とくにその変化を気にはしていなかった。が、次の瞬間、凪ちゃんのほうを見ると、いつの間にか剃刀を右手に持ち、左手首に当てていた。顔色は青白く、呼吸が少し乱れている。すでに何回か切っていて、左手首に血がにじんでいた。

「ちょっとちょっと、どうしたの!?」

慌てて声をかけても反応がなく、切り続ける。ゆかのときも目の前で切っているのを見たことがあったが、無理やり止めるべきではないというのが自分の中で出した答えだった。

「切らずにすまない?」

凪ちゃんは無言で切り続ける。

「ずっと……我慢してたから……」

そう言って凪ちゃんは自分の腕を切り続ける。もし自分が何も事情を知らなければ、目の前で起こっている自傷行為を止めない人のことを責めるかもしれない。ただ、事情をわかっているからと言って、目の前で起こる光景を、何も感じずに眺められるわけでもない。

「じゃあ切ってもいいけど、落ち着いたらやめようよ」

首から掛けてあったカメラで凪ちゃんの姿を何枚か写真に収める。三分ほどして凪ちゃんの右手が止まった。呼吸は乱れたままで、目の焦点が定まっていない。

「落ち着いた」

そう言うと、力なく剃刀を床に落とした。ティッシュで凪ちゃんの左手首を押さえて止血する。ただ、傷が浅かったのか、血はすぐに止まった。

「大丈夫？　意識はある？」

「はい……大丈夫です。なんかもう切りたくて仕方なかったんです……最近うつが酷かったから……ずっと我慢してたんだけど……」

止血が済んだところで手首に包帯を巻き、剃刀をティッシュで包みテーブルの上に置いた。なぜ出血が少なかったのかと思ったが、凪ちゃんが使っていた剃刀は深く切れないように加工がされているものだった。

「切りたくなるが、できるだけ切れないような剃刀を使う」

矛盾しているようだが、それは凪ちゃんの、「切りたくなるが、できるならばやめたい」という気持ちを表しているように思えた。

結局、我慢していた衝動を抑えられず傷を増やしてしまったが、しばらくすると表情に落ち着きが戻った。ただ、調子がこれで良くなったわけではなく、うつ状態が酷いことに変わりはなかった。今度は切ってしまった罪悪感でまた調子が悪くなってしまうような気がした。すでに時計も夜十一時を回っていたので、この日はもう寝ようということになり、凪ちゃんは包帯の巻かれた左手をあまり使わないようにして、梯子をつたってロフトに上がっていった。

●

翌日は、凪ちゃんの診察の日だった。九時過ぎに起きて出かける準備をする。朝食は何もとらずに薬だけ胃の中に流し込む。嘔吐癖などもあり、食べることができないのは分かっているが、このままでは内臓までおかしくなってしまうのではないか。凪ちゃんが通っている病院は診察時間の予約まではできないため、受付を済ませてから二時間ほど待たなくてはならない。病院のある駅までは数駅しかないので、午後の診察を受けるために、十一時過ぎに凪ちゃんのアパートを出て、病院へと向かった。

西武池袋線は土曜の昼間ということもあり、少し混雑していた。凪ちゃんはアパートを出る時点ですでに調子が悪かったが、駅が近づくに連れて顔色が変わり、脂汗をかきはじめた。

「大丈夫です……」と大丈夫ではなさそうな声で言い、ふらついた足取りで駅の階段を上っていく。なんとか切符を買い、ホームにたどり着いた頃には、顔が青ざめ、呼吸が乱れてきていた。パニック状態になりそうだった。

「とにかく、数駅だけですし……なんとか耐えないと病院行けないから」

かすれた声でそう言い、電車に乗り込む。電車の中はかなり混雑していて、隣の人と距離を取れるような状態ではない。凪ちゃんは手すりにしがみつきながら、下を向いて必死に呼吸を整えようとしていた。何か気を紛らわせるようなことはないかと思ったが、何を話しかけてもどうしようもない状態だった。たった数駅がずいぶん長く感じた。駅に着いて電車の外に出ても、凪ちゃんの状態は変わらなかった。意識を失うことはなかったが、朦朧とした状態なのか、足元がおぼつかない。なんとか病院にたどり着くと、ようやく少し落ち着いたようで、安堵のため息をついた。

その病院は駅から徒歩一分程度の場所にあった。精神科、心療内科、神経科と、脳や心の病気を専門にしている。土曜日なので午後の診察があるか気になったが、最近は仕事などで忙しい人のために、変則的な診察時間を設定している病院が多く、この病院もそのひとつだった。

病院はビルの二階にあった。階段を上っていく凪ちゃんを後ろから見ていると、そのままどこかほかの世界に行ってしまいそうな気がした。

「受付だけ済ませてきます」

そう言うと凪ちゃんは、ドアの向こうに消えていった。

●

翌週、凪ちゃんのうつ症状はより酷くなっていた。いっこうによくならない状態に苦しみ、それが原因とはいえ、働くことができない自分に自己嫌悪を覚えるという悪循環が続いていた。前の週、医者にかかった後も、凪ちゃんの症状が回復することはなかった。いつものように薬をもらい、アパートに戻る。そしてまたうつとの戦い。部屋に引きこもって動くこともできない。そんな状態だった。


三日ほど連絡を取らない日が続いた。なんとなく気になって電話をかけると、電話口に出た凪ちゃんの声がおかしい。まるで酔っ払っているように呂律が回っていない。

「大丈夫？　何かあったの？」

「うーん、大丈夫れすよ……でもちょっとODしちゃって……」

うつが酷くなり、もう死にたいと思ったという。呂律が回っていないのは、オーバードーズしたからだった。いったい何錠飲んだのか聞くと、

「二七〇錠……くらいかなぁ……」

今まで一〇〇錠程度なら聞いたことがあった。が、二七〇錠という数字は聞いたことがない量だった。あまりの多さにびっくりして、意識は大丈夫か聞くと、

「うーん、そろそろなんか……もうやばい感じが……しれますけど……」

と言って電話が切れた。自宅にいたので凪ちゃんの家に行くには早くても四〇分はかかる。救急車を呼ぼうにも凪ちゃんのアパートの住所は覚えていないのでどうしようもない。とにかくすぐに自宅を飛び出し、凪ちゃんのアパートに向かった。

電車に乗り込む。たった数駅なのに十駅分くらい乗っているような気がした。焦って電車を降り、凪ちゃんのアパートまで急ぐ。結局着くまでに四五分かかってしまった。

ドアをノックするが返事がない。呼び鈴を何回も鳴らすが、それでも反応がない。すると、中から「ドカッ!」と何か大きなものが落ちる音がした。直後、うめき声が聞こえはじめた。どうやらロフトにいた凪ちゃんが階段を下りようとして足を滑らせて落ちたようだった。ドアノブに手をかけると鍵が開いているので、緊急だと自分に言い聞かせてドアを開けた。部屋の中に凪ちゃんがうずくまっている姿が見える。部屋に上がり、大丈夫か尋ねる。

「いつ飲んだの?」

「ほんとは昨日なんれす……。意識なくなるようでなくならなくて……でも……苦しい……」

とにかく救急車を呼ばなくてはならない。一応意識のある凪ちゃんに「救急車呼ぶからね」と確認をすると
「でも……病院に運ばれたら……お金……ないから……」

金とかそんな議論をしている場合ではない。ただ、実際にお金がない状態で病院に運ばれるのは恐怖だとも思う。医療費というのは保険がきいてもそれなりにかかってしまうものだ。ふだん働いていれば問題ないだろうが、今の凪ちゃんは無職。しかしそんなことを気にしている余裕はない。金なら心配しなくていいからと諭し、携帯で119番に電話をかけた。なんと説明すればよいのか少し混乱してしまったが、とりあえず、「友人が抗うつ剤などの薬を二七〇錠服用して、今うずくまっています」と告げ、アパートの住所を伝えた。

救急隊が分かりやすいよう、アパートの前で待っているように言われたが、凪ちゃんのもとを離れるわけにはいかない。凪ちゃんはひたすら、「すみません……すみません……」と謝っている。謝罪などいらないが、とにかく早く救急車に来てもらわなくては困ってしまう。すると五分ほどしてサイレンの音が聞こえてきた。凪ちゃんに断って外にでて、救急隊員を部屋に案内する。隊員たちは凪ちゃんをストレッチャーで運び、救急車に乗せる。どこの病院がいいの

かまったく分からなかったので、救急外来のある近所の病院に搬送してもらうことになった。

救急車の中で、凪ちゃんは朦朧としながら、保険証のことを気にしていた。まだ新しい保険証が届いていないので、負担額が気になる。こんなときにそんなことは心配しなくもよいではないかと思ったが、実際に金銭的な不安というのは人をとことん追い込むものだ。

「病院に着いたらご家族に連絡してもらって、それで保険証は早く届けてもらうことにしよう」

そう言うと凪ちゃんは力なくうなずき、目を閉じた。

病院に到着すると、凪ちゃんは応急処置室に運ばれた。胃洗浄を受けるという。この取材を始めてからよく聞く単語になっていた。オーバードーズをした後、未消化の薬を取り除くために、洗浄液やチューブを使って胃をきれいにする。ただ、凪ちゃんの場合は薬を飲んだのが前日だったので、効果があるのかどうか疑問だった。

ロビーで待っていると、三〇分ほどして応急処置室のドアが開いた。凪ちゃんがストレッチャーに寝かされて出てくる。看護師が寄ってきて、「お連れの方ですか？　これからICUに運びますので」と言って、ついてくるようにうながされる。ストレッチャーの上の凪ちゃんはぐったりとしている。ICUに着くと、凪ちゃんの家族に連絡を取らなくてはならないからと看護師が連絡先を聞いてきたが、あいにく知らない。ただ、凪ちゃんの意識があったので、本人から直接聞くことができた。

「東京には、妹しかいないんれすけろ……」

まだ薬が効いているのか呂律が回っていない。看護師が凪ちゃんの妹に電話をかけ、すぐに病院に来るように言った。一時間ほどして凪ちゃんの妹が病院に現れた。

「あんた何しとるの」

安堵と怒りの両方が混ざっている声だった。

「なんか、今日変な予感してたんよね。あんたのこと心配しとったんよ。ほんとこんなことになるなんて……」

そう言うと、こちらに目を向けた。

「おねえちゃん、この人誰？」

説明しようとすると凪ちゃんが喋りだした。

「この人ね、写真家さん。ほらあたしリストカットしてるれしょ……。取材受けてて、救急車呼んでくれたの」

凪ちゃんの妹に簡単に自己紹介をする。

「姉がお世話になって、ご迷惑をおかけしてしまって」

そう言うと、妹は大きなため息をついた。

「まあ、ほんと無事でよかったわ……。お母さんには連絡しとくから。あと保険証、新しいの必要でしょ。お母さんに言ってすぐに送ってもらうから」

それから十分ほどして凪ちゃんは眠りについた。妹も来ていて邪魔になるように思えたので、そのまま病院を後にした。さすがに二七〇錠という数を聞いたときは驚いたが、凪ちゃんは無事だった。普段から薬を飲み慣れていて、耐性がついていたのだろうか。

翌日の午後、凪ちゃんの見舞いに向かった。すでにICUから一般病棟に移されていた。点滴を打ってはいたが、体調は順調に回復し、「問題ないので早く退院したい」と、本人は元気そうだった。ただ、母親や妹に心配をかけてしまったことを気にしていて、ひたすら申し訳なさそうにしていた。

その三日後、凪ちゃんは無事退院した。アパートに戻り、またいつもの生活が始まった。一度福岡に戻ることも考えた凪ちゃんだが、東京に残ることにしたようだ。

「福岡に帰れば友達も多くて楽しいんですけど、やっぱり実家にいることがどうしてもストレスになったりするんです」

ただ、目の前にある問題は凪ちゃんを逃がしてはくれない。滞納している家賃を払い、仕事も探さなくてはならない。かといってうつ状態が酷いと働くことができない。そんな悪循環のため、さらにストレスを感じ、よりうつ状態が深刻になっていく。あまりに大変な状況なので、生活保護についてはどう思っているのか聞くと、親戚に迷惑がかかるのでやめてくれと親からきつく言われているという。

凪ちゃんの腕にはまた傷が増えていた。前日に切ったばかりのようでかさぶたになった赤い線がたくさん見える。

「なんかもう何をしてもだめだし、この先どうしたらよいのか分かりません」

ただ、現実問題として凪ちゃんは働かなければならない。近いうちにハローワークに行くという。仕事が決まれば、精神的にも少し余裕が出るのではないかと本人が言っていた。仕事のストレスでさらにうつが酷くなる可能性もあったが、仕事をしているという事実は人が生きる上でとても重要なものだ。それは凪ちゃんでも例外ではないだろう。金銭もそうだが、誰かに必要とされているという感覚は、人に自らの存在意義を感じさせてくれる。

●

七月に入り、凪ちゃんは一度福岡に戻った。血液検査で悪い結果が出て、実家に戻ってゆっくりした方がいいという結論に達したようだ。確かに昔実家で起こった出来事は今でも凪ちゃんにとってストレスかもしれないが、東京に一人でいるよりはよいのだろう。

結局、凪ちゃんが東京に帰ってきたのは八月末だった。その後仕事を探し、なんとか十月から働くことになった。当分の間は研修期間のようだが、まずは職が見つかり安堵していた。ただ、手の震えや過呼吸などのパニック症状が出てしまうことがあるようで、不安はぬぐいきれなかった。

●

十二月に入り、凪ちゃんの症状は悪化の一途を辿っていた。仕事にはなんとか行っていたが、医者からは「悪化しているじゃないですか。なんで仕事を始めたんですか」と怒られる始末。経済的に余裕のない凪ちゃんに働くなというのは無理な話だ。そんな状態でも凪ちゃんは働き続けたが、今度は胃潰瘍を発症して、休職することになった。

●

二月、凪ちゃんに電話をかけると福岡にいた。東京には二月中旬に戻って来るという。仕事の復帰が二月の下旬なので、実家で療養しているという。ただ、胃潰瘍が治ったと思ったら、今度は十二指腸潰瘍であることが判明したという。凪ちゃんが感じていたストレスの大きさを物語っていた。

凪ちゃんは働けるようになるのだろうか。働きたいという本人の意思とは裏腹に、心と体が言うことを聞いてくれない。無事仕事に復帰できたとしても、また調子を崩してしまうのではないか。ただ本人が働きたいと感じているのは悪いことではない。むしろその前向きな姿勢に驚かされる。

●

またしばらく凪ちゃんと連絡を取らない日が続いた。四月に入り、凪ちゃんの取材を始めてからちょうど一年が経った頃、ひさびさに電話をかけた。休職していた仕事はクビになってしまったようで、また新しい仕事を探しているという。前と同じように少し疲れた声だったが、仕事を探すためにいろいろと面接を受けているという。

電話口で凪ちゃんが言う。

「比べるものじゃないけど、私はまだいいほうなんだと思います。世の中にはもっと大変な人がいるし、それに私は今までさんざん甘えてきたから。全部自分で責任取らないといけないし。取材に関しても、きっと何か私に対して文句を言う人は出てくるかもしれないけど、自分のことを傷つけたのは自分だし、何言われても逃げちゃいけないと思っています」

凪ちゃんの病気が治り、不自由なく働ける日がくるのかどうかは分からない。凪ちゃんにとっては辛い時間が続いているようだが、調子が悪いにもかかわらずあきらめずに仕事を探している姿には頭が下がる。病気が治らないことにはどうにもならないのかもしれないが、その姿勢を崩さなければ道が開けるのではないか。

「またコーヒーでも飲みましょう」

そう言って凪ちゃんは電話を切った。電話口の声は決して希望に溢れたものではなかった。

誰もが同じようにすごす繰り返しの毎日を、凪ちゃんも同じように送っていく。そんな達観したような雰囲気が、彼女の言葉から漂っていた。

I b a s y o

LEARN JAPANESE
日本語
PROGRESS JAPANESE ACADEMY
Tel/fax : 03-3467-0148
e-mail : info@pja.co.jp
http://www.pja.co.jp
McDonald's

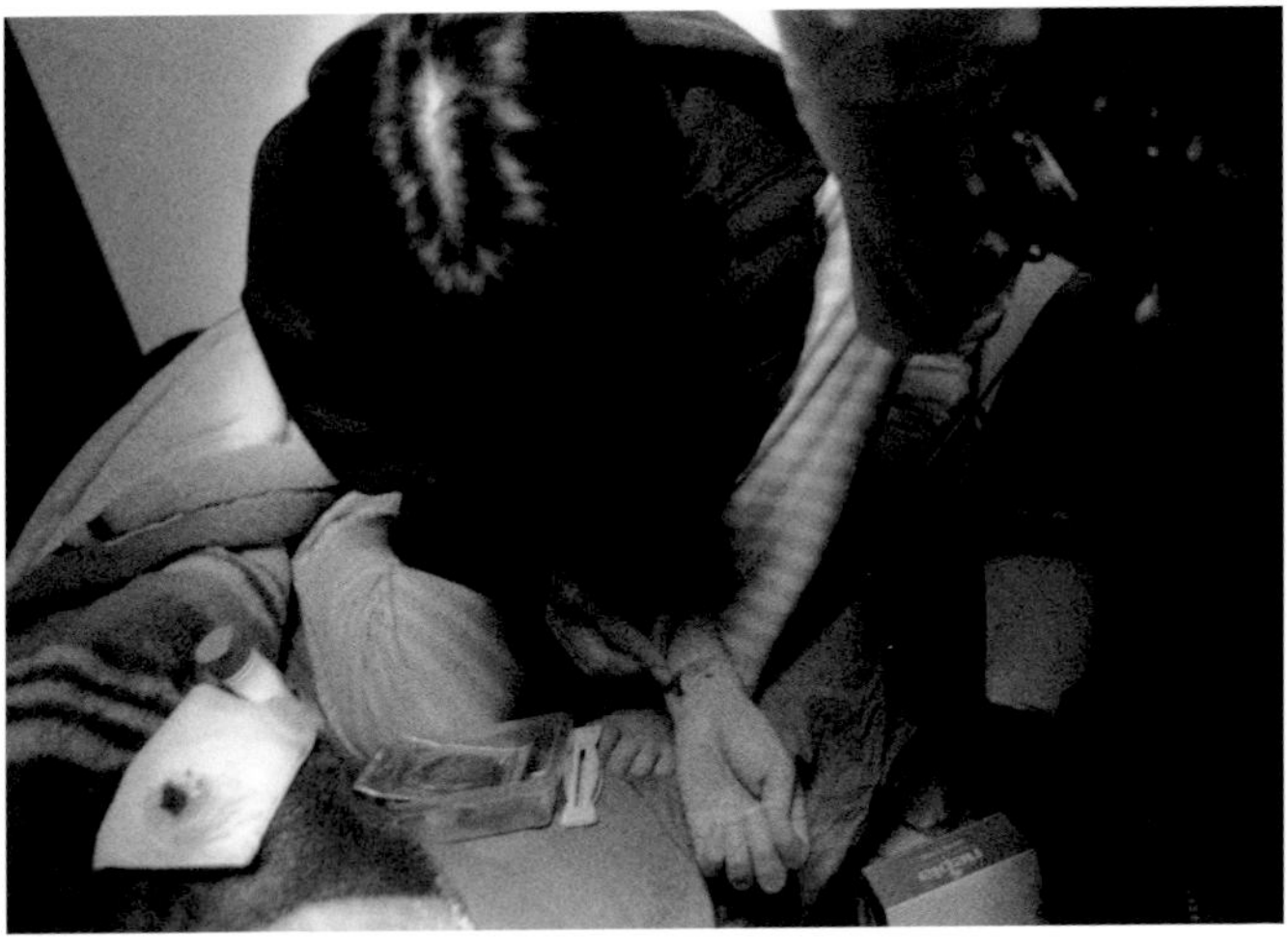

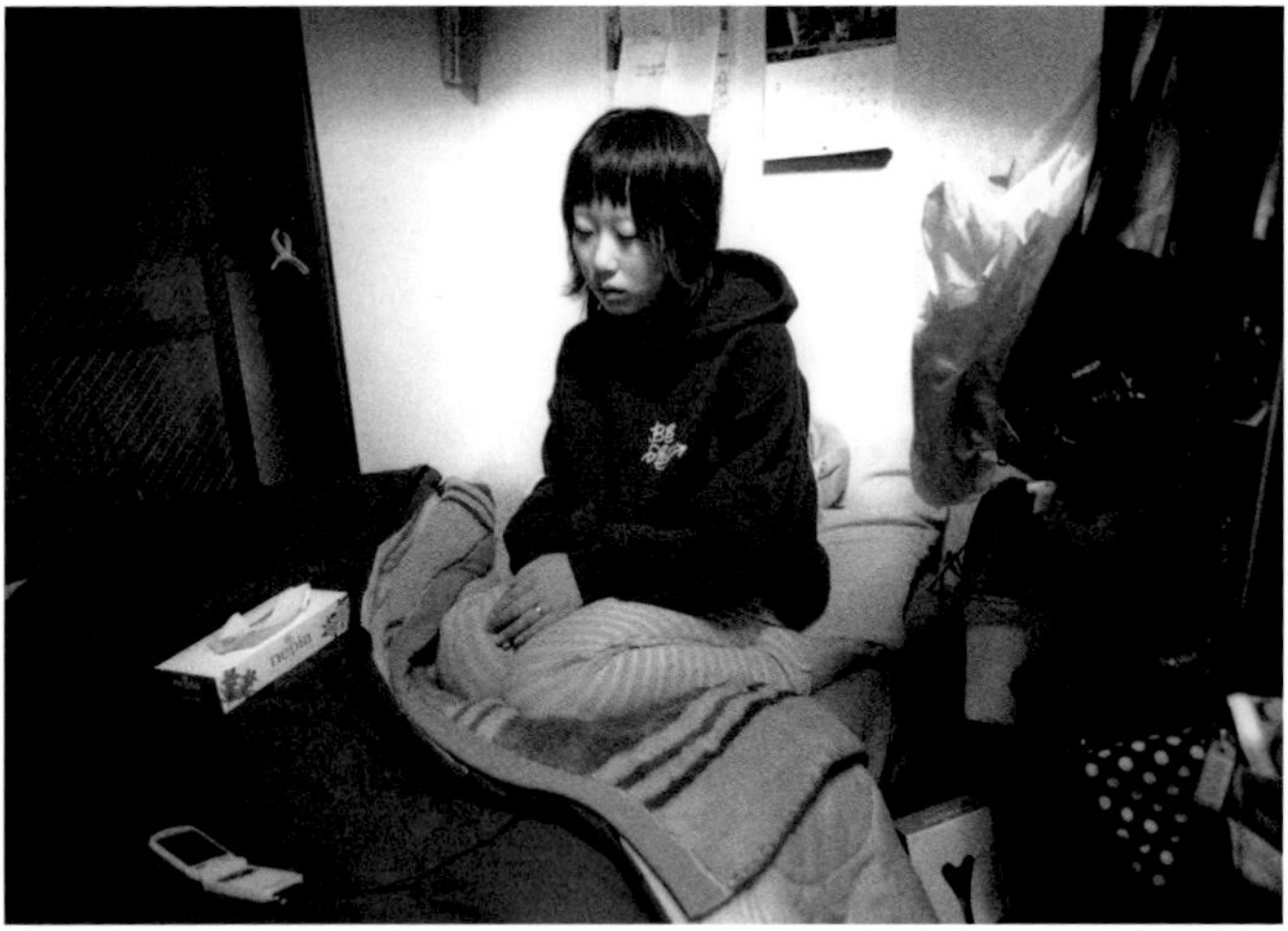
nepia

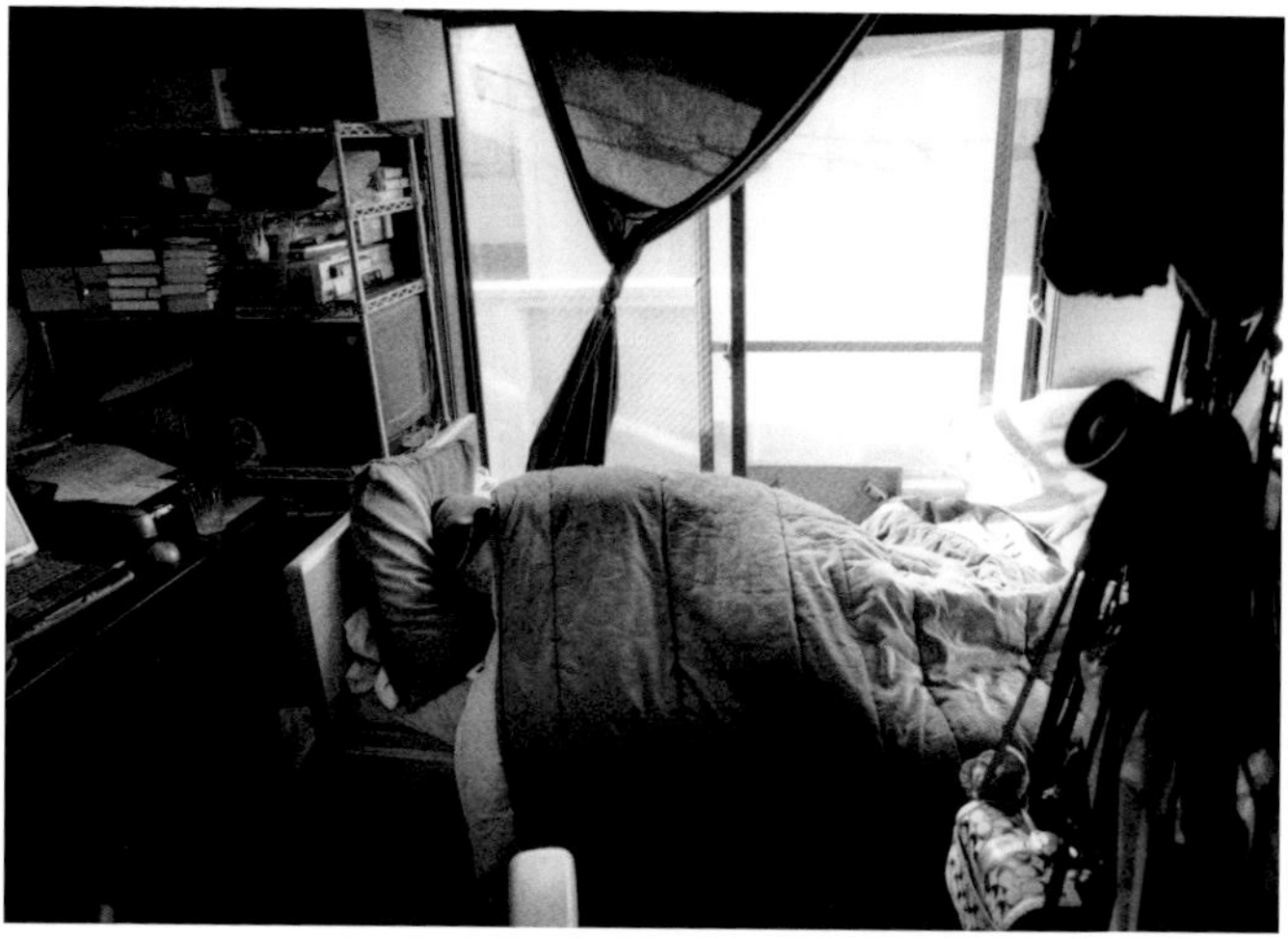

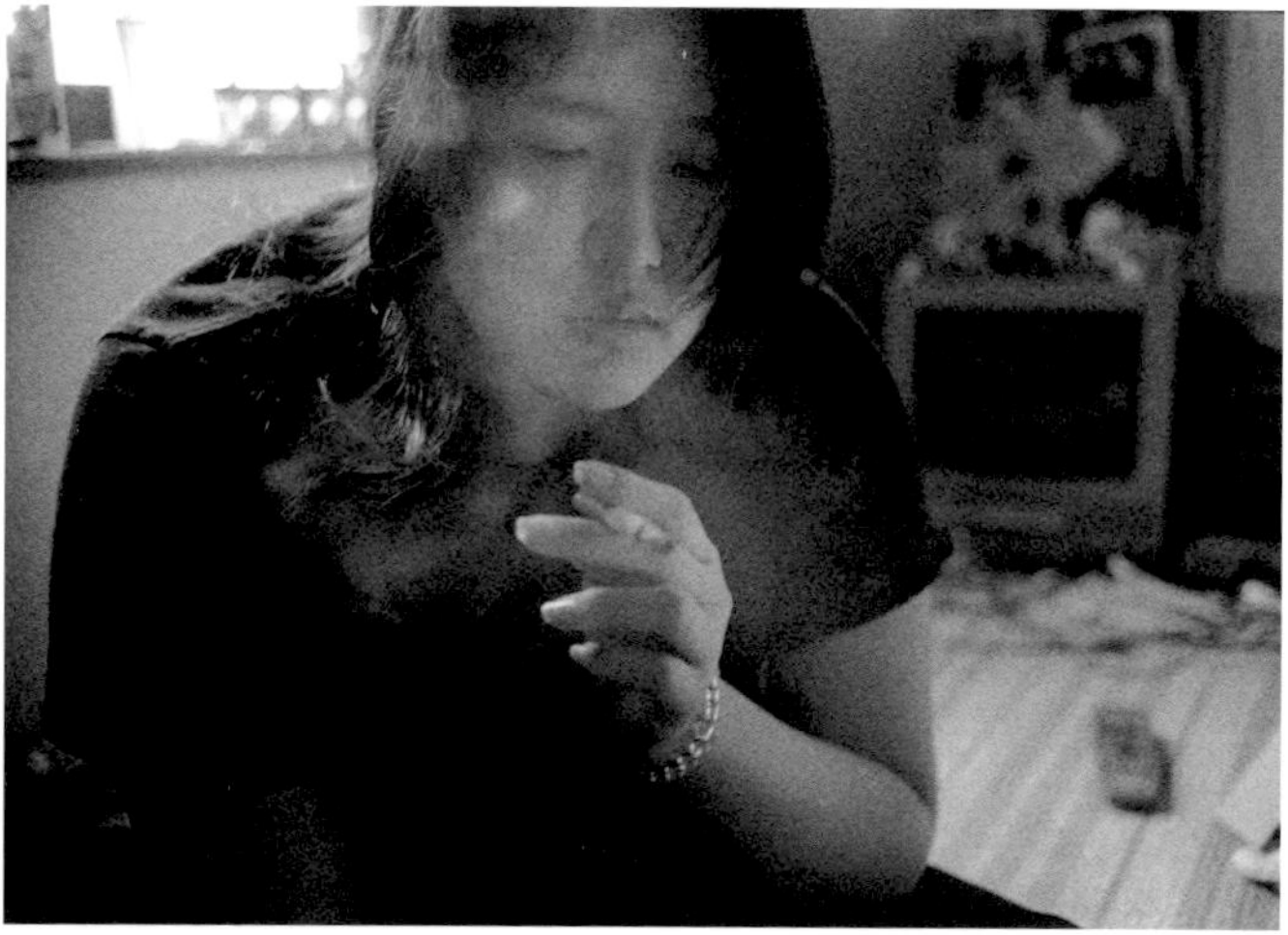

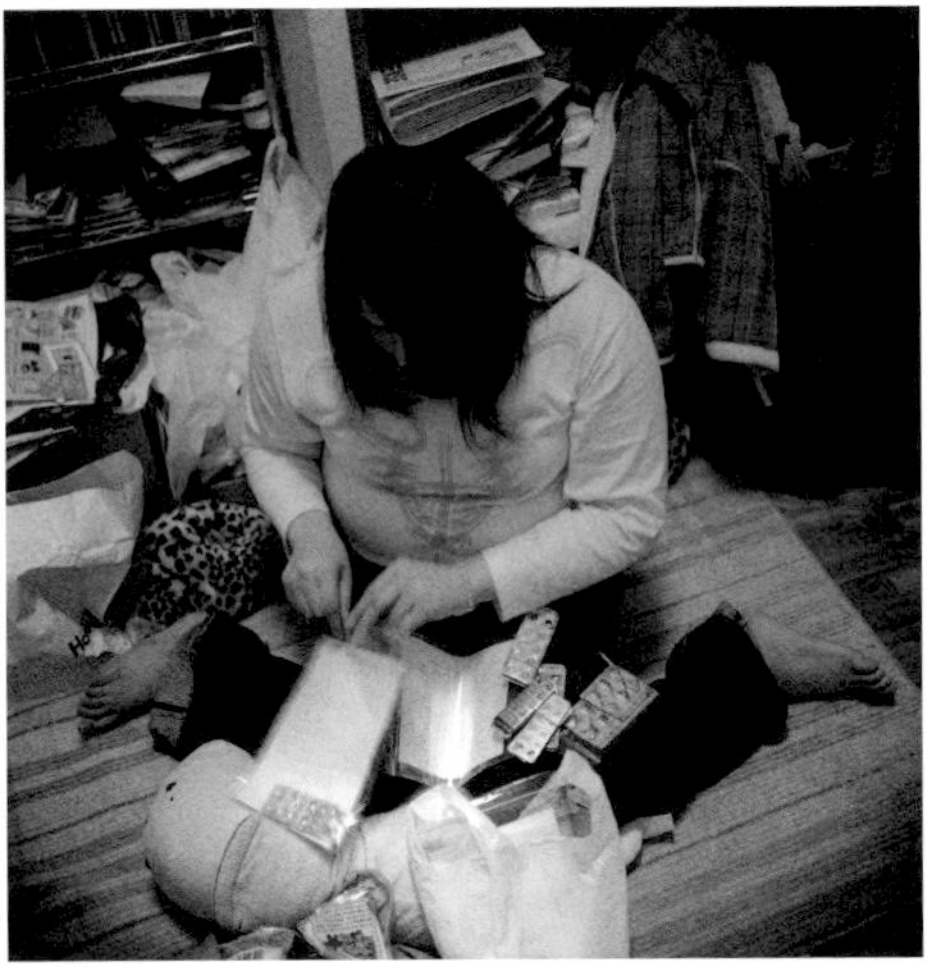

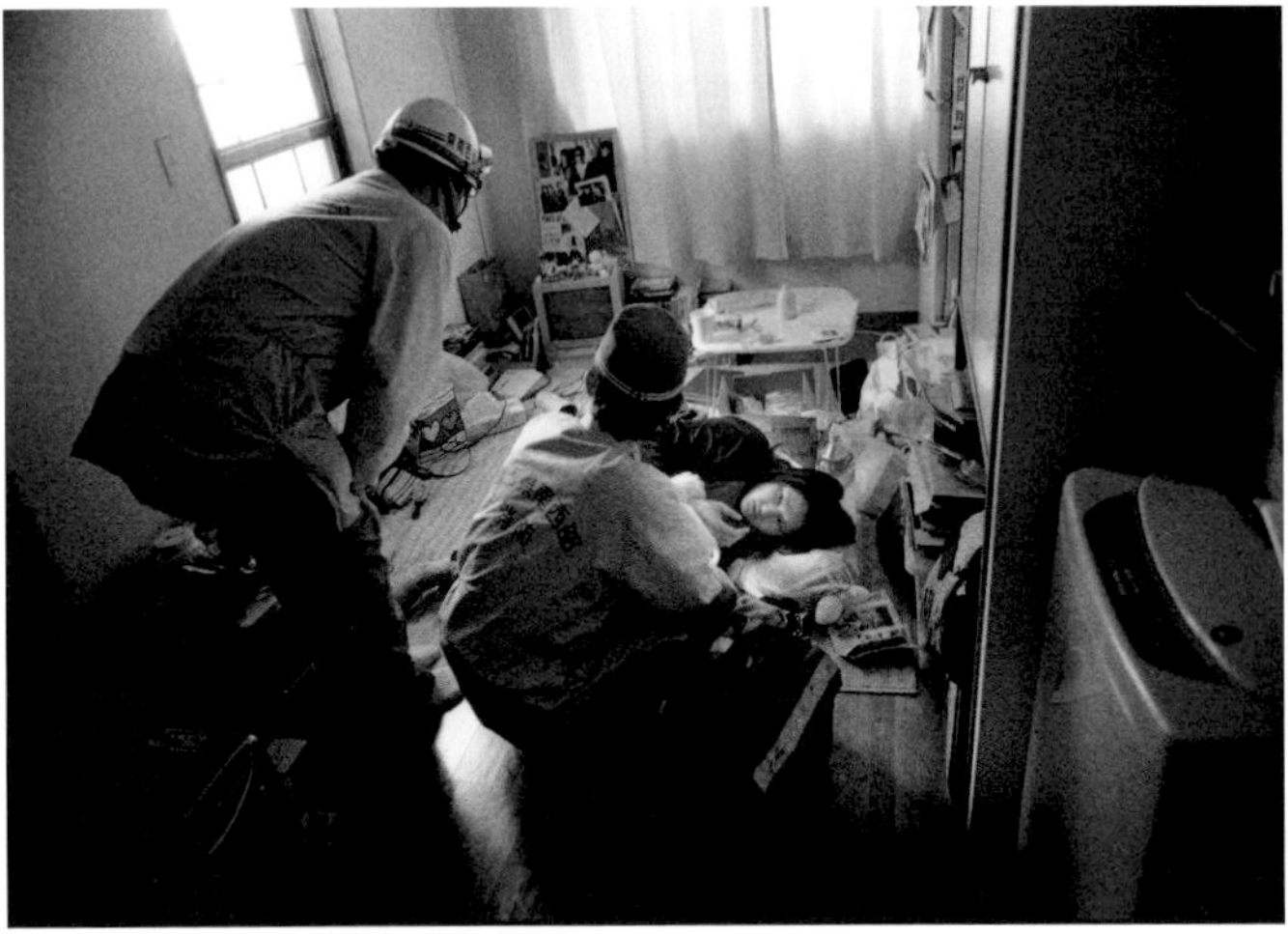

YONEX

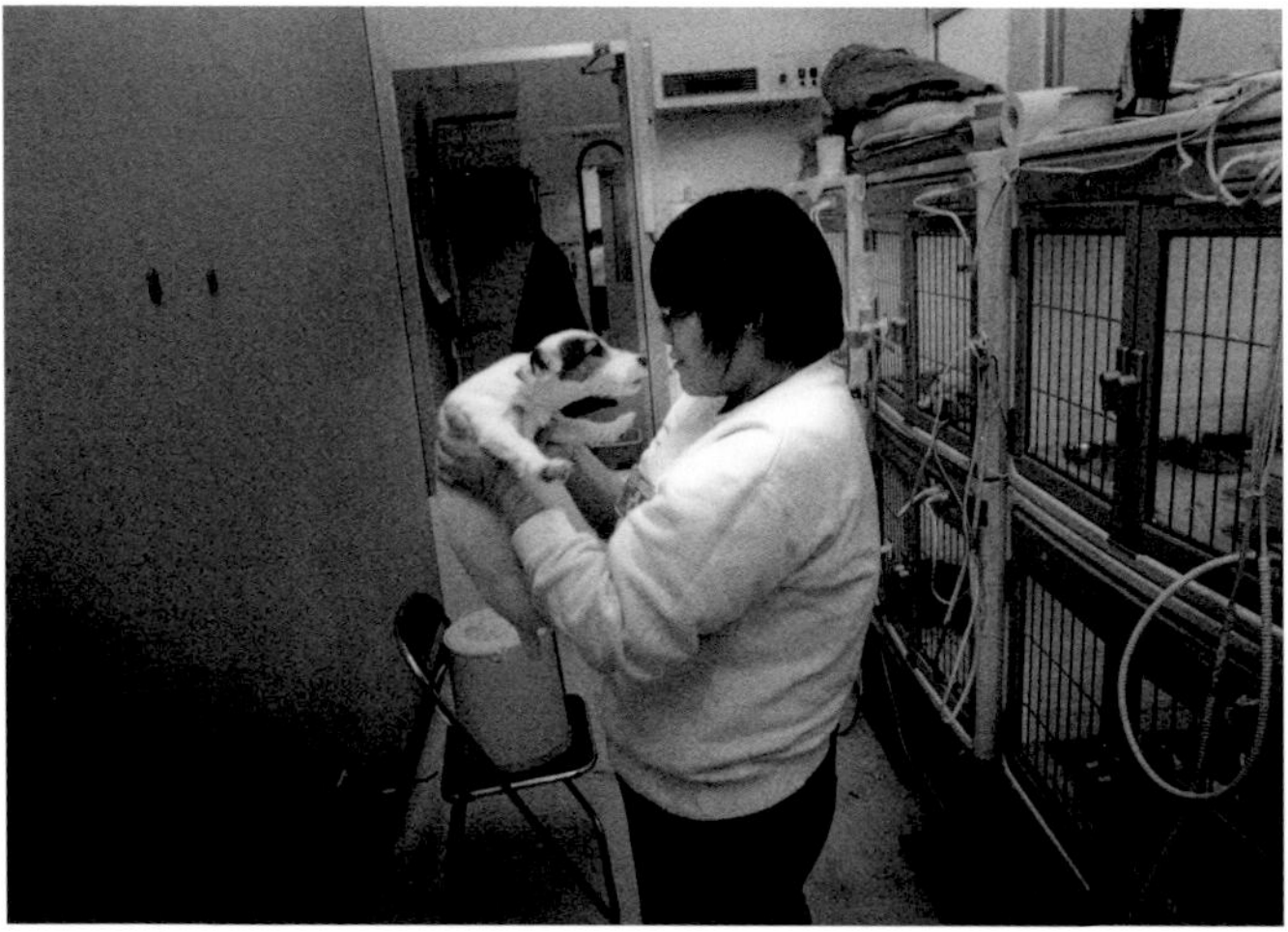

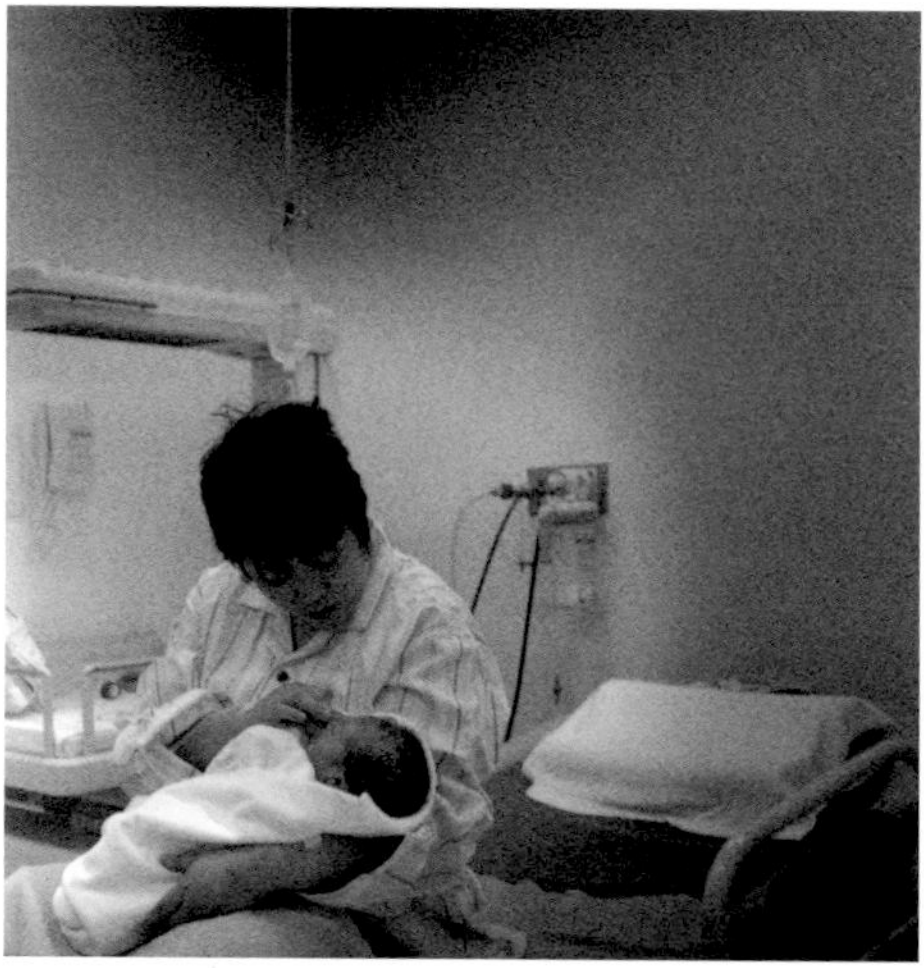

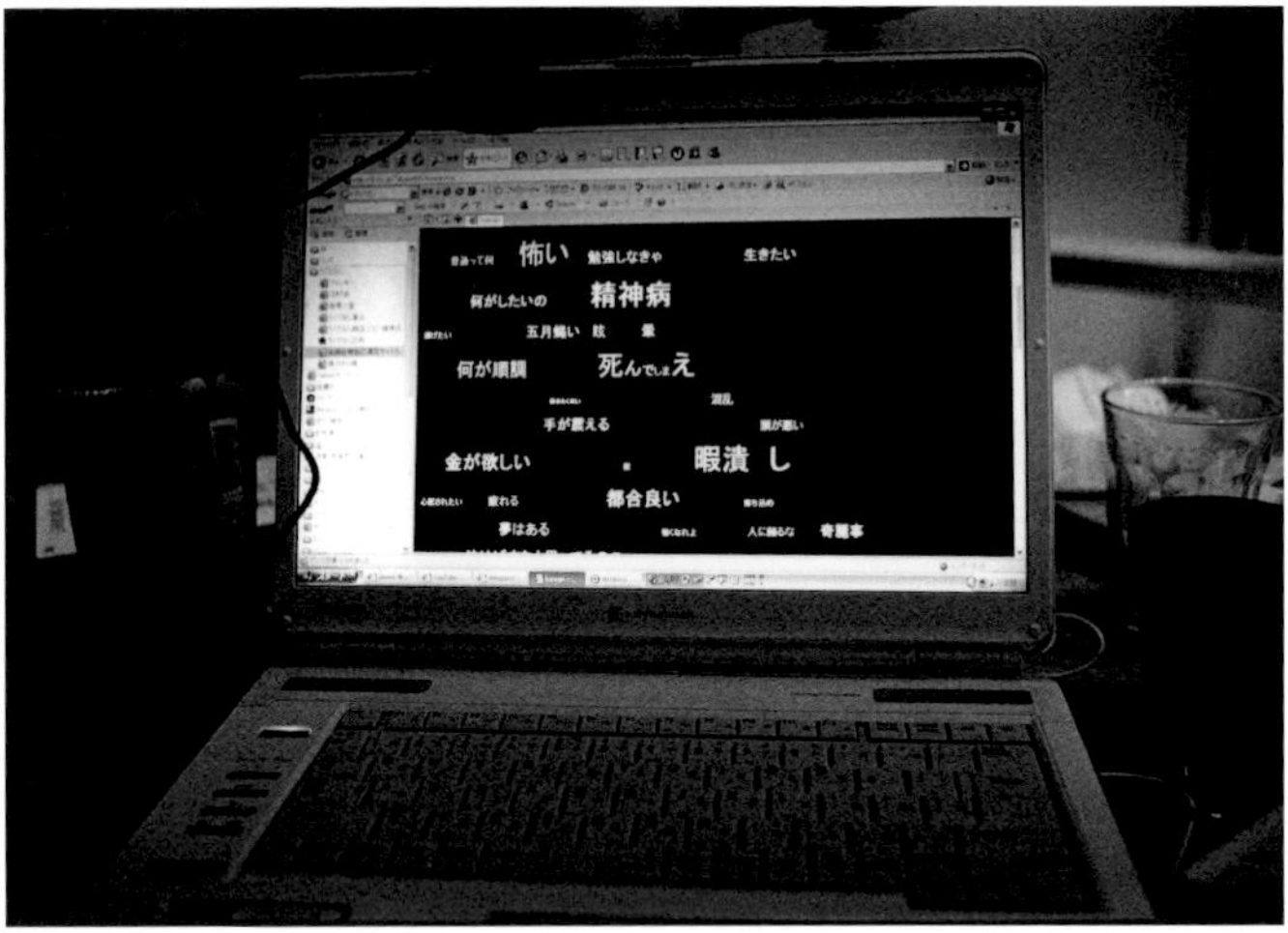

怖い
勉強しなきゃ
生きたい
何がしたいの
精神病
五月蝿い
何が順調
死んでしまえ
手が震える
金が欲しい
暇潰し
都合良い
夢はある

045

Chara × JOYSOUND
JOYSOUND.com
全国採点
ONLINE
当たる!
プレゼント!
JOYSOUND.com

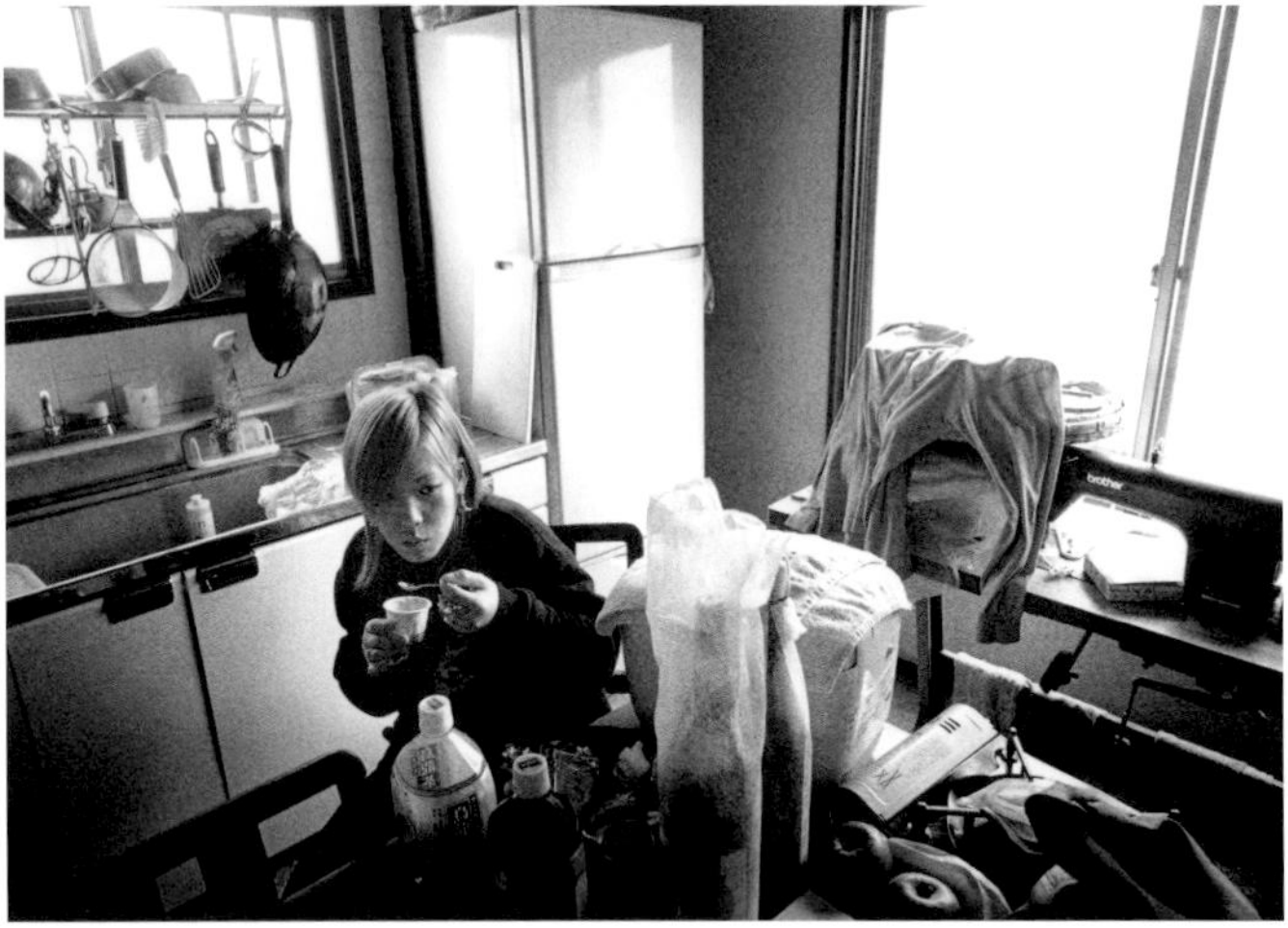

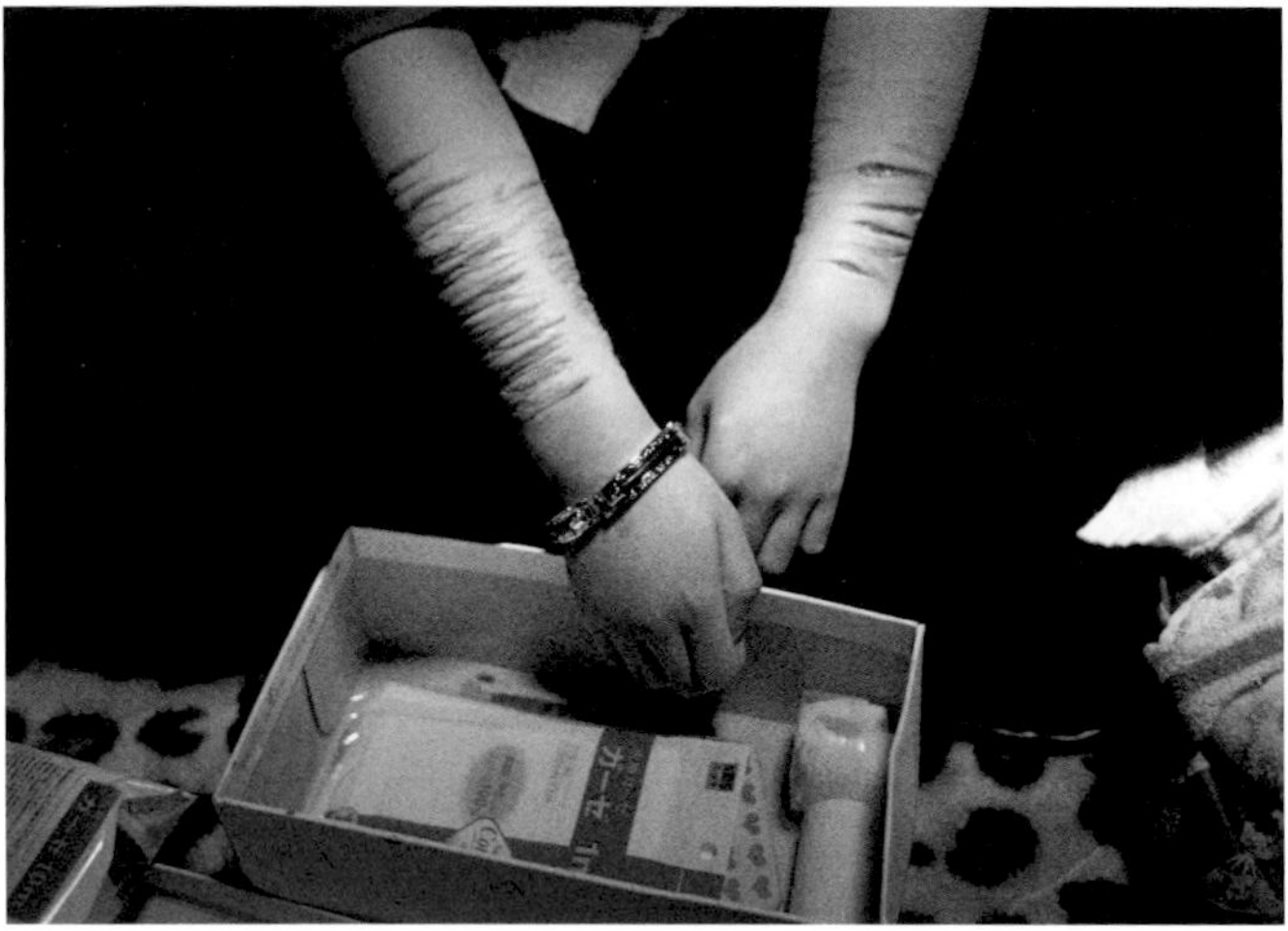
ガーゼ

さゆり——自尊心のゆくえ——

凪ちゃんの取材の準備をしていた三月、さらにもう一人から自傷の取材についてメールが届いた。今まで連絡をくれた人たちと同じように、ネット上の書き込みを見ての連絡だった。最初のメールでは本名を明かしていなかったその人は「エス」といった。インターネットというのは顔が見えないのでいくらいいことを言っても、相手にとってこちら側がまともな人間かどうかは結局のところ分からない。

送られてきたメールには短く、「取材というのはどういうことをするのでしょうか？　自傷している人を撮るのですか？」とだけ書かれていた。

ながながと説明するよりは、同じように短いメールを返したほうがいいような気がして、

「取材というのは、自傷をしている人の日常生活を（調子のいいときも悪いときもすべて）、写真でドキュメントさせていただくような具合です。ですので、笑っているときもあれば、泣いているときもあるかもしれません」

と送った。翌日またメールが届いた。

「一日中、つきっきりみたいな感じですね。その撮影？はもう始まっているのですか？　とても興味を持ちました。もっとお話を聞きたいです。ダメでしょうか……。というのも、私も自傷行為を繰り返していて、それをもし私自身がやれたら（被写体になれたら）……と考えていまして」

文面を見るかぎり、他人にとても気をつかう人に思えた。遠慮のようなものがメールから伝わってくる。そんなに気をつかわなくてもよいのにと思いながら、取材についての返事を書いた。木部ちゃんやゆかの取材についても少し触れて、どのように取材をしてきたのかも伝えた。最後に、あくまで発表することを目的としていることも付け加えた。何か悪い方向に転ぶ可能性も否定できないということも先に言っておきたかった。

●

それからしばらくはメールだけのやり取りが続いた。取材をする前にこちらのことをできるだけ知らせておきたかったし、相手のこともう少し知っておきたかった。自分のことや住んでいる場所、いろいろなことを書いて送った。彼女も、二一歳であること、岡山県に住んでいること、実家暮らしで姉と妹がいることなど、自分自身について記してくれた。

そんなメールだけのやりとりが二週間ほど続いたが、正直なところメールだけでは相手の雰囲気も分からないし、こちらの雰囲気も伝わらない。電話で話したほうが早い気がした。とはいえ、相手の電話番号を無理やり聞きだすわけにもいかないので、先にこちらの電話番号を教えることにした。ただそれも、相手に「電話をかけろ」と強制しているような気がした。

そんな心配をよそに、次に届いたメールには彼女の携帯番号が記されていた。文字ではなく話をしたほうがいいと思い、さっそく電話をかけた。

少し高く、よく通る声が受話器の向こうから聞こえてきた。連絡をくれた彼女の名前は「さゆり」と言った。吉永小百合と同じ名前なんだと得意気に話す。二一歳の女の子が吉永小百合を知っているのかと不思議に思ったが、なにせ吉永小百合だ。老若男女問わず皆から愛されているのだろう。

最初の電話はなんだか少し恥ずかしかった。会ったこともない人と電話で会話をするというのは、不思議な感覚だ。今までの取材でも同じようなことがあったが、最初は少し気まずいもの。まずは相手にこちらを知ってもらわなくてはならない。自分自身について、仕事について、すでにメールで伝えたような内容だったが、もう一度聞いてもらった。最初の電話では、さゆりは自身の自傷行為についてあまり深く話そうとはしなかった。初めて口をきく人間に、簡単に話せるようなことではないだろう。

何度目かの電話で取材について話をした。取材については数日から一週間、それを数回。今までの取材と同じようにできないか聞いてみた。しかし、実家暮らしのさゆりにとって、家族に内緒でするわけにもいかない。しかも、「以前私が自傷行為をしていたことは知ってるけど、今まだ続けてるとは思っていないから、写真や取材のことは話せても、自傷行為の取材をしているとはいえない」ということだった。

何より驚いたのは、いっしょに住んでいるのに家族が知らないということだった。新しい傷ができれば分かってしまうものではないのだろうか。さゆりの話を聞くかぎりは、そんなに問題のある家族とは思えず、不思議としか言いようがない。また普段は近所の一〇〇円ショップで働いているので、休みの日しか取材には応じられないということだった。

せっかく連絡をくれたので、できれば取材させてもらいたいと思ったが、一日だけでは撮れる気がしない。新聞や雑誌のインタビューとは違う。ある程度の時間をいっしょにすごせなければ、その人自身や生活を撮ることなど不可能だ。また何より家族に内緒で取材をするということはしたくなかった。いっしょに住んでいる人を無視するわけにはいかない。あとで問題になって、何か悪いことが起こっては元も子もない。

取材させてもらう身分ではあったが、最低三日は必要だと考えていた。それを数回行うことができれば。さゆりも考えてくれたようで、金曜から日曜の間であればかまわないという話になった。ただ、まずは両親に自傷の取材について話さなくてはならなかった。無理強いするわけにはいかないので、もし話せないようであれば、取材ができなくても仕方ない。

結局さゆりが両親に取材のことを話すことができたのは、それからしばらく経ってからだった。ただ、自傷のことは話さず、さゆりの生活の写真を撮りたいとだけ話したようだった。もちろん両親はノーと言った。そんな怪しい人間を家に上げるわけにはいかないという結論だった。まあ当然だ。理由なく娘の生活の写真を撮りたいなど、誰が聞いても怪しすぎる。かといって、さゆりに自傷行為のことを話すように強制するわけにはいかない。ただ、とりあえずさゆりにも僕がしてきた取材について知ってもらったほうがよいと思い、今まで発表した雑誌の切り抜きなどを送ることにした。

●

四月に入ると、さゆりから毎日のように電話がかかってくるようになった。その大半は、うつが酷くて切ってしまったという内容だった。電話から聞こえてくるさゆりの声は時として震えていたが、無理に明るくふるまおうとしているのがよく分かって逆に痛々しかった。

「また切っちゃったよ……。もうこんな自分で情けない……。食べたご飯も吐いちゃうし……」

大丈夫でないのはよく分かったが、電話口ではどうすることもできない。ただただ話を聞くしかなかった。

「大丈夫？」

「ぜんぜん大丈夫だよ……」

よく通る声は震えていてもやはりよく通り、より痛々しい。毎日のようにかかってくる電話で話すことはいつも同じだった。

「止血は？」

「うん、もう血止まってきた」

「眠れそう？」

「うーん、分からんけど、横になってみる」

「ゆっくり眠れるといいね」

「おやすみ」

徐々にさゆりの具合は悪くなっていった。実際に見たことはなかったが、毎回とんでもない量の出血をしているようだった。切らないのが一番だが、それを止めることはできない。とにかく病院に行って鉄分を処方してもらうしかない。本人は次の診察のときに聞いてみると言い、結局飲み薬ではどうしようもない状態で、それから毎日のように鉄剤注射を受けることになった。

●

五月に入り、さゆりからの電話は日課のようになっていた。電話がないときは元気なのだろうが、逆に心配になってきて、こちらからかけることもしばしばあった。

両親にも雑誌の切抜きを見せたが、結局何の取材か説明することができず、取材はできなくなってしまった。とはいえ縁が切れるわけではなく、連絡は取り続けた。

五月のある夜、いつものようにさゆりから電話がかかってきた。また切ってしまったのだろうか。その夜のさゆりは様子が違っていた。いつもは辛くてもわざと明るい声を出すが、この日は声に元気がない。

「どうした？　何かあった？」

そう聞くと、力なく、「うん……」とだけ答えた。

しばらく沈黙が続いて、さゆりがしゃべり始めた。

「あのなあ、あたしなあ……汚い女なんよ」

突然そんなことを言われても、まったくもって理解できない。いったい何があったのかともう一度聞きなおすと、さゆりはゆっくりと自分についてしゃべり始めた。そんなときでも、「あのなあ、長くなってしまうけど、ええかなあ……」と断るのがさゆりらしい。

「私なあ、自傷行為初めてやったの、中学三年のときなんよ。姉の友達がやっとってな。真似してやってみたんよ。そのときは一本だけ本当に薄い筋を引く感じでな、傷も残らない程度。

そしたらすっごく痛くてな。何でこんなことするんだろうってぜんぜん理解できなかった」

さゆりはうつ病というわけではなかったが、自分がどこか人と違うというのをずっと感じていたという。

それは小学校四年生のときまでさかのぼる。さゆりの両親は中華料理屋を経営していて、朝から晩まで忙しく働いていた。とくにお盆の時期には忙しかったようで、さゆりは姉とともに親戚の家に毎年あずけられていた。その家庭には四人兄弟の従兄弟がいたが、さゆりの妹はそのうちの一人が好きではないので、いつも家に一人で残っていた。

「小学校二年のときかなあ、三つ年上の次男に性的ないたずらされてなあ……」

次男は夜中になると、さゆりをほかの部屋に連れ出して、いたずらをしたという。そんなことが毎年のように続いた。そして小学校四年のときにレイプされてしまう。それでも無理やりというわけではなかったという。

「自我が芽生える前から、そういうことされてたからなあ……なんかもう感覚が麻痺していて、そのときからセックスはどうでもいいことになっていたんだと思う。従兄弟の両親が隣で眠ってても、平気で私の布団に入ってきていやらしいことしてきたわ」

それからというもの、夏休みと冬休みの間、親戚の家に泊まりに行くたびにさゆりは従兄のセックスの相手をさせられてしまう。

「一年に二回、一週間ずつくらいかなあ。親戚の家に泊まっているときはほぼ毎日。朝晩関係なくやられてた。結局そんなのがつい最近まで……」

さゆりは続けた。

「その従兄がな、二月に結婚したんよ。できちゃった結婚。で、結婚式の直前に会いにきて、奥さんが妊娠中だからセックスできんからやろなあ、私に最後に一回やらせろって言うんよ。貧血が酷くてフラフラなときだったけど、無理やり犯されて、それでさっさと帰っていったわ……。でな、昨日また同じことされたんよ。釣りに行こうって言われて、ホテルに連れ込まれて……。私、彼氏もおるし、本当に嫌だったけど、本当に無理やり……抵抗したけど無駄だった。痛くて痛くて仕方なかった……」

突然の告白に何も言葉が出てこなかったが、さゆりは話し続けた。

「私な、本格的にリストカットしだしたのは、高校二年くらいなんよ」

高校一年のときも毎年のように従兄にセックスの相手をさせられていたが、ほかの人とはそんなことはまったくなかった。その頃に仲良くなった男友達に従兄のことを話すと、こんなことを言われた。

「彼氏じゃなくてもセックスできるん⁉　ほんまに⁉」

それからしばらく経った高校二年の三月、その男友達の家に行ってセックスをした。ただそのことにとてつもない罪悪感を抱いた。男友達の家から学校に戻り、当時さゆりが好きだった教師に相談を持ちかけた。

ある日の帰宅途中、さゆりはクラスの友達二人とその教師の四人で駅で電車を待っていた。友達の一人が教師ととても仲良さそうにしていて、ひどく気になってしまう。

「なんかな、先生っていうより、好きだったから、もっと先に行きたいって思ってしまってな」

さゆりたち三人は教師とは反対方向に向かう電車に乗るはずだった。が、教師が電車に乗り込みドアが閉まる直前に、さゆりだけその電車に飛び乗った。友達二人は唖然としていたという。

教師にも、「どうしたんだ⁉」と言われたが、話を引き伸ばし続けた。結局、教師の家がある駅まで行き、家に入れてもらうことになる。だらだらと話を続け、夜十時も回ったころ、母親が帰ってこない娘を心配して電話をかけてくる。

「お母さん、すごく怒ってた。でも私、帰りたくなかったんよ。だから友達の家にいて今日もう帰れないから、このまま泊まりたいって嘘ついて、携帯の電源も切ったんよ」

教師に泊めてもらえないかと聞くと、しぶしぶ了解してくれた。教師はさゆりに自身についていろいろと話してくれたという。自傷行為をしていたことがあると言い、さゆりに傷をみせた。

「切るとすっきりする」

その言葉はさゆりの中にずっと残ることになった。

教師の家に泊まりに行く日が五回ほど続いた。さゆりは教師に頼み込んで同じベッドで寝た。そのうち体の関係を持つようになった。

高校三年生に進級してすぐのある日、突然教師から、「好きな人ができた。もう家にはこないでほしい」と言われてしまう。さゆりにとって初めての大失恋だった。毎日泣き続けた。結局さゆりと教師の関係が続いたのは一カ月程度だった。

●

それからさゆりのリストカットが本格的に始まった。徐々に傷の数が増え、深くなっていった。その頃にはもう痛みも感じないようになって切り続けた。教師へのあてつけもあった。ふられてから初めて切ったときに教師に電話すると、ひたすら、「ごめん、ごめん、ごめん」と謝られた。

「私は友達でいれるよって精一杯嘘をついたよ」

リストカットは止まらずに酷くなる一方で、毎日のように切って、手首や腕がズタズタになっていった。多いときには、タオルを三枚使っても拭いきれないほどの出血があった。とはいえ、家族は一切さゆりの自傷行為に気づいていなかった。

そんなある日、新しいカッターナイフを買った。ちょうど就職活動をしていたときで、ストレスも溜まっていて、感情が高ぶりやすくなっていた。普段は古く切れ味の悪いカッターナイフで力任せに無理やり切っていたが、その日は新しい切れ味の良いカッターナイフでいつものように力を入れて切ってしまう。あまりの傷の深さに血が止まらなくなってしまった。焦って教師に電話をかけて相談すると、とにかく病院に行けと言われた。家族には知られたくなかったが、母親に傷を見せ、すぐに近くの病院に運んでもらった。

「お母さんに、ごめんね、ごめんねってずっと言ってた」

出血は酷かったが、縫合手術を受け、大事には至らなかった。しかしそのときに今までのリストカットの傷がすべて母親にばれてしまう。

「お母さんに『何でリストカットしたの?』って聞かれてな。就職活動のストレスが酷くてって嘘ついた。ストレスはもちろんあったけど、本当の理由は教師にふられたから。でもそんなこと言えんしな。ただ、ふられてからは、ほんの些細なストレスでも切るようになってた」

病院から戻ったあとも、さゆりのリストカットは止まらなかった。朝から晩まで血が止まらないこともあった。

「それで、学校に行けないなあっていう話になったんだけど、無理やりでも行くって言って通ったんよ」

さゆりにとって学校に行くことは、好きな教師に会うことでもあった。どんな形でもその教師の姿を見ていたかった。結局体育だけ休むことにして、学校に通い続けた。しかし、大きな傷をつくっていたため、担任の教師をごまかせなくなっていった。

「担任に指さされてな、傷のことや学校で他に何人リストカットしてるのかとか根ほり葉ほり聞かれてな。五、六人知ってるって話をして、母親も学校に呼ばれて、保健の先生も来て、心療内科のある病院に紹介状を書いてもらうことになってな。それから通院しはじめたんよ」

それまでは一度も精神科や心療内科に通ったことはなかった。初めて病院に行ったときには何も話すことができず、すべて母親が話してくれた。

それからは、縫合手術を受けなければならないほどの大きな傷を負ったことがフラッシュバックするようになった。まったく眠れなくなり、処方してもらう薬の量も徐々に増えていった。夏頃になると、自分が自分でないように感じたり、生きている現実感が薄れるなど、離人感が強まっていった。

「友達と遊んでいてもな、友達の輪の中に自分がいるんだけど、それを後ろから自分で見ている感覚が酷くなってな」

高校三年の十月、音楽の鑑賞会が学校の近くで行われた。高校の授業の一環として出向き、そのときに薬を飲みすぎてしまう。

「音楽なんて聴かずにずっと眠ってて、終わった後もフラフラしててな。教師たちに大丈夫かって心配されて、そのまま病院行ったんよ。そしたらいつも通っている病院の先生に『入院しましょう』って言われてな。紹介状を書いてもらって、県北にある病院に行ってカウンセリングを受けたら、入院させられないって言われてしまってな。何で拒否されたのかは今でも分からないんけどなあ」

入院を拒否されたさゆりは、また地元の病院に戻った。そこで医師に三カ月ほど学校を休むことを勧められる。友達に会いに行く程度だったが、それでも学校にはたまに顔を出した。結局翌年の一月まで休学した。その間もフラッシュバックは続き、リストカットを止めることはできなかった。タオルを三枚濡らすのは当たり前だった。

「すっきりするって、あの教師の言葉になあ、このモヤモヤもすっきりするのかなと思ってなあ」

インターネットでリストカットのことを調べたりもした。いろいろなウェブサイトを見て、ほかにもこういう人がいると分かると、一人でいることが以前より楽になった。とはいえ、離人感も自殺願望もより強まっていった。死にたいと思うことは何度もあったが、結局死ぬ勇気はなかった。

冬休みが終わり、一月からは毎日学校に出た。ただ病院には通わなくなった。

「何しても良くならないしなあ、意味ない気がしてきたんよ。結局それから二〇〇六年の十月までは病院には一度も行かなかったわ」

リストカットは続けていたが、三月には無事に高校を卒業し、四月からは近所の本屋でアルバイトを始めた。仕事は夕方六時から夜中の十二時までのシフトだった。それからしばらくして夏頃になると、ガソリンスタンドのアルバイトも掛け持ちで始めた。ちゃんと働きたいという欲求があった。

●

年が明けた二月、さゆりの携帯電話に見慣れないアドレスからメールが届いた。誰かと思いメールを開くと、以前関係を持っていた教師の恋人からだった。

「もう彼とは一切連絡を取らないでください。迷惑なんです」

さゆりのメールアドレスを教師が教えたようだった。そしてさらにメールが送られてきた。

「あなた、誰にでも股を開く女だって有名ですよ」

さゆりはこの女性のことはまったく知らなかった。突然のメールにただただ驚いた。

「このメールを読んでな、ああそうなんだ、私は誰にでも股を開く女だったんだって、思い知らされた感じがしたよ。ガソリンスタンドのバイト仲間だった人とも、カラオケに一緒に行って、流れでそのままセックスしてしまったし、その双子の弟とも同じような関係になってしまったしな」

相手のなすがままになってしまうようになっていた。

翌年の三月、両親に車の免許を取りにいくように言われていたさゆりは、教習所に通いはじめた。そこで仲良くなったかおりという女友達のアルバイト先にいた男の子と仲良くなった。さらにその男友達を紹介され、さゆりは一緒に遊ぶようになった。好意を抱いたさゆりは、その男の子に付き合ってほしいと言う。しかし断られてしまう。それでもなぜかセックスだけ求められる関係が続いたが、結局はかおりのアルバイト先にいた男の子と付き合うことになった。

その頃にも従兄にはレイプされ続けた。いくら嫌だと言っても従兄はやってきた。そんな状態でボロボロだったさゆりは付き合っていた男の子にも年末にふられてしまう。ちょうどその年の十月頃から、さゆりはまた心療内科に通うようになっていた。

二〇〇七年になり、友人が男の子を紹介してくれた。何回も会うようになり、部屋にも行くようになった。顔もさゆりのタイプで、さゆりは彼のことが好きになっていた。一生懸命かわい子ぶってがんばった。何回かキスをした後に、「私のこと好き？」と聞くと「分からない」と言われた。そんな言葉をさゆりにかけつつ、彼はさゆりの体を求めた。ただ、さゆりにとっては小学校四年で従兄にレイプされて以来、セックスは重要なものではなくなり、求められると拒めない状態になっていた。それからはセックスのために、その彼に呼び出され続けた。従兄が結婚したのもこの頃で、レイプも続いた。さゆりの体はさらにボロボロになっていった。

「ここまできたら、こんな体なんてきれいでも何でもない。だからもうどうでもよくなってた」

ただ、心療内科の医師に自分の体をもっと大切にするようにと怒られた。

「まだきれいな体なのよって言ってくれてね」

自身に起こったことをすべて話した医師の言葉を信じ、男の子とは縁を切った。

そこまで話すと、さゆりは一息ついた。

「長い話になってしまってごめんなあ……」

さゆりは一言そう謝ると、電話口で泣きはじめた。

それからさゆりとはしょっちゅう電話で話すことになった。さゆりの調子が悪くなり、電話がかかってくることが多かった。

ある日さゆりからの電話を取ると、酔っ払ったような声が聞こえてきた。「どうした？」と聞くと、さゆりはつぶやくように言葉を吐き出した。

「仕事は普通に続けたいんよ。なんで普通に生まれて来れなかったんだろう。私おかしいのかな……」

「誰でも傷つくことはあるでしょう。おかしいとかおかしくないとかじゃないんじゃないかな」

「そうかなあ……何が辛いかなんてもうぜんぜん分からなくて、何も分からなくってさ、何で生きているのかも分からなくて、自分を責めることしかできなくて、周りの優しい言葉も結局無駄にしてるんだよ……」

さゆりは続けた。

「みんながんばってるのに、辛い辛いなんて言っとられん……」

そう言うさゆりの声が少しおかしなことに気づいた。

「もしかして薬飲んだ？」

「うん……」

「どのくらい？」

「二〇〇錠……」

「それは多いよ……」

「私は自分を追い詰めることしかできなくて……。みんなバイト先でもがんばってるんよ。私は調子悪くなって意識失ったりして……。みんながんばってるのに……」

さゆりはひたすら自分を責め続けた。が、二〇〇錠もオーバードーズしてゆっくりしているわけにはいかない。このまま眠ったら明日の朝は目覚めないかもしれない。何より意識を失ってから吐いたりすると、喉に嘔吐物がつまって呼吸ができなくなることもある。近くに救急病院はあるかと聞くと、市民病院があるという。まずは病院に行くようにさゆりに言った。

「病院行ってみるよ……ありがとう……」

さゆりはすぐに病院に行き、大事には至らなかった。

●

七月頃、取材はできないにしても、電話だけでしか知らないのはどうなのだろうと思いはじめた。一度くらい会っておいてもいいのではないか。さゆりに聞くと、仕事が休みのときであれば時間があるというので、一度岡山に会いに行くことにした。飛行機で日帰りの旅だ。

岡山空港から岡山駅へはバスで三〇分ほどである。さゆりとは岡山駅の前で待ち合わせをした。待ち合わせ時間を少し過ぎたくらいに、さゆりから電話がかかってきた。

「今着いたよ。どこにおるん?」

見ると十メートルほど先に携帯電話から聞こえてくる声と同じリズムで口を動かしている女の子がいた。あちらも気づいたようで、こちらに寄ってくる。一応、初めましてと挨拶をしたが、電話でさんざん話していたので、とくに初めましてという感じもしなかった。

夏らしく、涼しそうな格好をしている。とりあえずコーヒーでも飲みに行こうという話になり、さゆりに案内してもらって近くのビルのカフェに入った。

新しい会話をするのでもなく、ひさびさの友人に会ったという雰囲気だった。ただ、さゆりの腕の傷は衝撃的だった。木部ちゃんや凪ちゃんの腕の傷も酷かったが、今まで見たことがないほどの傷の多さと深さだった。

「びっくりした?」

そう言うさゆりに正直に、「びっくりした」と答えた。ここまでの傷は見たことがない。前腕すべてがズタズタになっていて、平らな部分が見当たらなかった。

さゆりとはひたすら世間話をしてすごした。途中、何度か携帯電話を気にするそぶりを見せるので、大丈夫か尋ねると「うん、お母さんから。今日その写真家さんに会うんよって言ってきたから、なんか変な人じゃないんかって心配してるみたい。大丈夫だよって返事しておいた」

たしかにネットで知り合った人に会うなど、心配になるだろう。

その日のさゆりは調子が良かったのか、よく笑った。自傷に関する話はほとんどせず、さゆりの普段の生活や家族、友達の話、こちらの仕事の話などをしてすごした。そうこうしていると、すでに夕方になっていた。飛行機の時間が迫ってきたので空港に向かわなくてはならない。

さゆりとは五時間しか一緒にいられなかったが、実際に会うという当初の目的は果たした。取材をすることはないだろうが、友達が一人増えたような感覚だった。

●

その後もさゆりからの連絡は続いた。調子はなかなか回復せず、切っては鉄剤注射を打つことを繰り返していた。

ある日さゆりと話していると、「ほんと、趣味もないし、何もすることないんよ。何か見つかればいいんだけど」といつものように暗くなっていた。以前さゆりから写真が好きだという話を聞いていたので、写真を撮りはじめてみてはどうかと提案してみた。

「そうなあ……写真集とか見るの好きなんよ。気に入ったのは買ったりしてるしなあ。写真面白そうだな」

何か表現するのは悪いことではない。ちょうど自宅に使っていない古いカメラが眠っていたので、それでも使って気晴らしになればいいと思った。

「やってみたい」

そういうさゆりにカメラを送った。中判の古いカメラで、露出計もついていないため感覚で撮るしかないのだが、まあ気晴らしになればありがたい。

さゆりは写真に夢中になり、気づいたら病気も治っていた……などと言うことはなかった。現実はドラマのようにはうまくいかない。趣味が増えたことは刺激にはなったようだが、さゆりの調子が良くなることはなく、仕事のストレスとともに徐々に体調は悪化してしまう。体のことを考えて、十二月には一〇〇円ショップでのアルバイトも辞めることになった。

●

仕事を辞めてしばらくすると、さゆりの調子は少しずつ良くなりはじめた。リストカットをする回数も減り、なんとか我慢できるようになっていった。

調子が良くなってきたある日、さゆりは母親に今までのことを話す決心をした。

「いずれは話さないといけないことだったから」

とはいえ、すべてを話すのはさゆりにとっても、母親にとっても、辛いにちがいない。従兄のレイプから始まり、教師とのこと、レイプが続いていたこと、ずっと切り続けていたこと、すべてを母親に話した。

「お母さん泣いてた。何も気づけなくてごめんって……。悪いのは全部私なのにな……」

さゆりは電話口で声を震わせた。

●

年末にさしかかった頃、さゆりから携帯電話に着信があった。

「あのな、お母さんがなあ、会いたいって言いおるんよ」

どういうことか理解できずにいると、

「あたしな、お母さんにオカ君が自傷の取材をしてるってことも話したんよ。そしたらな、ほかの人のことも取材しているなら、自傷について話を聞きたいって言っててな。お父さんも、来たらゆっくりしていってって言いおるんよ。だからもしオカ君が良ければ、またこっち来れるかなあと思って」

さゆりのことは取材するつもりがなかった。ここまでいろいろと話を聞いて関わっていれば、もう一度会ってポートレートを撮るだけでも、何か表現できることはあるのではないかと頭の片隅で考えてはいたが、生活の中に入り込まずにポートレートだけというのは、ずるい気がして踏ん切りがつかなかった。しかし、さゆりの家族も取材を許してくれている。自傷については、何を話せるのか分からなかったが、もう一度岡山に行くことにした。

年が明けた一月、さゆりは新しい仕事を始めた。近所の工場での事務の仕事だった。ストレスもあまり感じないので今度は続くかもしれないと意気込んでいた。ただ、日数が重なるにつれ、またさゆりの調子は悪化していった。休みがちになり、いつ辞めてもおかしくない状態になりつつあった。

岡山には二月の第一週に行くことになった。半年ぶりに岡山に降り立つと、前日に降った雪が残っていて、降る雨も冷たかった。普段は暖かい場所なのだというが、このときは例外だったようだ。さゆりの実家は、岡山駅から電車で三〇分ほどいった駅から車で十分のところにあった。岡山には昼過ぎに着いたが、さゆりはその日仕事があるということだったので、彼女の家の最寄り駅で午後七時に待ち合わせをした。

改札を出てさゆりに電話をかけると、「駅の外の道路に白い軽ワゴンが停まっているから」というので駅舎を出る。すると三〇メートルほど先に白い軽ワゴンが見えた。雨でよく見えなかったが、中から手を振っているようで、すぐにさゆりだと分かった。ドアを開けると、半年前とは髪の毛の色が違うさゆりが運転席に座っていて、「いらっしゃい。久しぶりやなあ」と明るい声で言った。

「髪の毛完全に金髪にして、なんかヤンキーみたいだなー」と、突っ込むと、「うっさいわー」と調子よく返してくる。とはいえ、調子がいいわけではないようだ。その日は仕事だったはずなので、疲れていないかと聞くと、少し気まずそうに口を開いた。

「仕事な、今日でクビになったんよ……」

なんと言っていいのか分からず黙っていると、

「まあなあ、休みがちだったし、仕方ないわな……。まだ働けるほどには回復してなかったっていうかなあ」

十二月に一〇〇円ショップでの仕事を辞めたばかりだった。本人も少し休んだほうがいいのは知っていたはずだが、どうしても働きたかった。働いていないという事実は、さゆりの罪悪感を増幅させた。しかし働きはじめると調子が悪くなった。どうしようもない状態だった。十分ほど車を走らせると、さゆりの実家に到着した。さゆりの両親は中華料理屋を経営していて、家の一階は中華料理屋、二階は住居になっていた。

「こっちこっち」

そう言って店の裏口にある玄関に通される。

「お母さん、来たよ」

そう言って店にいる母親に声をかける。

「いらっしゃいませ。わざわざ遠いところを」

「こちらこそお世話になります」

軽い挨拶を交わすと母親は仕事があるからと店の中に戻っていった。階段を上り、二階にあるさゆりの部屋に通される。さゆりの部屋は服や本、ピアスなどで溢れていて、真ん中に大きなこたつが置いてある。壁には友達と撮った写真がたくさん貼られていて、部屋はタバコのにおいで満ちていた。

「ちょっと狭いけどな、まあどうぞ」

こたつの一角に腰を下ろした。しばらくくつろいでいると、さゆりの妹が部屋にやってきた。さゆりの一つ下で今は大学生だという。明るく感じのいい子で、話を聞いていると、姉妹の仲の良さが分かった。

夜十時になって店を閉めた後、母親が部屋に入ってきた。父親はまだ後片付けをしているという。そして話を始めた。

「なんかこの子がやっているようなこと取材されているんですよね。でも何でこんなことしてしまうんでしょうねえ……私にはまったく分からんわ……でも原因があるとすると、私たちのせいなんかなって思うこともあったりして……」

母親は、さゆりがまだ小さい頃、仕事が忙しかったのであまりに放任しすぎてしまったのがよくなかったのではないか、愛情の注ぎ方が足りなかったのではないかと自分を責めた。従兄のレイプのほうが大きな原因のような気がしたが、すでにさゆりが母親に話しているとはいえ、そのことは口には出せなかった。

するとさゆりが口を開いた。

「放任とかっていうのは別に私は嫌じゃなかったよ。好き勝手できて、干渉もあまりされなかったし、別に悪いこととは思ってないけどな……。ただ一時期、夜眠るのが怖くて仕方なくて、電気をつけたままで寝ていたことはあったなあ。中学二、三年の頃はお店が別の場所にあったからなあ、毎日電話しとったよな。『何時に帰ってくるん?』って。家に一人でいて真っ暗になるのが怖くてな。お姉ちゃんや妹は友達のところに遊びに行ったり、部活だったり、私は一人だからなんだか寂しくてなあ……。まあ従兄のこともあるしな……」

母親が言う。

「ほんと、そんなことがあったとはなあ……。まったく知らなかったわ……。ほんとよく耐えたっていうかなあ」

それ以上は言葉が続かないようだった。娘がレイプされていたことを知らされて、平静を装える親などいない。

「まあもう済んだことは仕方ないしなあ。ところでなお母さん、今日で仕事クビになったんよ……」

「そうだったの？　あんたどうするの？　病院の先生も無理するなって言っとるんだし、無理して働くことないんよ」

「とは言っても、ほんとに文無しになったら何もできんもん」

実家暮らしなのでたとえ働けなくても生活に困ることはなかったが、さゆりはやはり働きたかった。自由に使えるお金があれば好きな本やピアスを買うこともできる。買い物も何もできないというのは、社会生活を営む上では非常に不健康だ。もちろん両親にはできるだけ頼りたくなかった。

「まあ、少しは休むとしても、またすぐ仕事探すわ。ちゃんと働きたいんよ、私……」

「お母さんは無理して働いてほしいとは思わんけどな。少しでも良くなってくれれば嬉しいわ」

それから三人で自傷行為について話をした。なぜ切ってしまうのか。今まで取材させてもらった人たちについても少し話をした。母親は理解し難いと言いたそうな表情を見せていたが、最後にはそういうものだと受け入れるしかないといった雰囲気に変わっていた。

「まあ、ゆっくりしていってくださいね」

最後に笑顔でそう言うと、部屋を出て行った。

優しそうだが肝の据わった母親、そんな印象を受けた。さゆりも、

「お母さんはちょっとやそっとのことじゃ驚かんのよ。さすがに私のこの傷見たときは驚いてたけどな……。でも優しくてなあ、お母さんのこと大好きよ、私」

と母親を尊敬しているようだった。

●

その後、居間に行くと、ちょうど姉も帰ってきて家族全員が揃った。みなその日にあった出来事などを話し合い、とても仲の良い家族に見える。母親がさゆりに「愛情の注ぎ方が足りなかったのではないか」と言っていたが、そんなふうには見えなかった。さゆりが、「お父さんはいつもニコニコ笑ってるんよ」というように、父親は家庭でも店でも笑顔の絶えない人だった。

夜十一時を過ぎたころ、玄関が開く音がした。

「あ、ドロや。親友がおるんよ。その子が来たと思う」

ドロと呼ばれているその子は、さゆりの高校のときからの大親友だという。さゆりのことをいつも気にかけているようで、さゆりに何かあるといつも駆けつけていた。普段は近くの自動車工場で働いていて、仕事が休みのときや勤務後によく遊びにきていた。

「せっかくやから来たらって誘ったんよ。ドロ、こっちオカ君な」

「あんたか。最初さゆりからカメラマンと連絡取っとるって聞いたときは絶対に怪しいと思ったわ。でもなんかそんなこともなかったみたいでよかったわ」

ドロは雰囲気と言葉に迫力があったが、友達思いの優しそうな女の子だった。

「で、さゆり、あんた今までのこととか全部話したの？」

「うん、ほぼ全部な。話したと思うわ。去年から電話とかでずっと話しとったしなあ」

それから二人は高校のときの思い出を話してくれた。好きだった教師の話、教師を追って電車に飛び乗ったときのこと、以前さゆりが話してくれたことだ。

「あんた学校でも切っとったもんなあ。わざとバレるところでやっとったしな」

そう言うと、さゆりの腕を見てドロが言った。

「あんたこれまた血出とる。カットバンは？　カットバンじゃ小さいか。大丈夫なんかそれ」

さゆりの腕にはまだ切って間もない傷があった。まだ完全にふさがっていない。もとには戻りそうにない深さだった。

「うん、これもう血止まってるから……」

そう言うと、さゆりは傷口にガーゼをあてて包帯を巻いた。

三時を過ぎ、そろそろ三人とも眠気がピークに達してきた。

「じゃあ明日はプリクラ撮ってカラオケな」

さゆりがそう言って、その日はお開きとなった。

昨晩遅くまで起きていたので、翌日は遅い朝になった。昼前になり、ようやくドロの車でさゆりの実家を出てプリクラを撮りに向かった。相変わらず食事はほとんど口にすることができず、家を出る前にヨーグルトを一つ食べただけだったが、この日のさゆりは調子が良さそうに見えた。プリクラを撮った後は、二人がよく行くというカラオケボックスに向かった。二人とも歌い慣れているようで、休みなく曲を入れていく。二時間ほど歌い続けて帰宅する時間になったが、まだ元気な二人はなごり惜しそうにカラオケボックスを後にした。

夕方、さゆりの家に戻ると、父親が天津飯を用意してくれていた。この日、ヨーグルトしか食べられずにいたさゆりだが、少し食欲が戻ったのか、残さずに平らげることができた。

夜七時になり、ドロが明日も仕事があるからと帰っていった。

「さゆり、また電話するわ。あんま無理しちゃいかんよ」

一時間ほどテレビを見てすごしていると、さゆりが、「そうだ、お風呂沸いてるから先に入りなよ」と勧めてくれた。ただ、そんな気分になれず、もう少し後でと言って、さゆりに先に入ってはどうかと勧めた。客に気をつかってくれているのだろうと思ったが、なぜか体が動かなかった。さゆりは部屋でひたすらタバコをふかし続けていた。部屋の空気が煙で白くなり、気だるい空気が流れていた。と、さゆりがベッドの上で腹筋を始めた。いつも二〇〇回するのだという。体を動かすのは良いことだと思うが、なぜまた腹筋だけするのだろうと疑問に思うと、

「切りたい衝動に駆られたときとか、体を動かして疲れさせると切ったりしなくて済むことがあるんよ」

と言った。それから十五分ほどかけてさゆりは腹筋をし終わった。

「ああ、疲れた……。あ、そうだ早く風呂入りぃよ」

「もうちょっとしたらでもいいかな」

それからさゆりは何度も風呂に入るように勧めてきた。あまり遅くなっても迷惑になるのではないかと思ったので、九時頃になって入らせてもらうことにした。

風呂に入っている間、その日あったことなどを思い出していた。さゆりもドロも歌がうまかった。そして二時間休みなく歌い続ける体力にも驚かされた。ふとドロが言ったことが頭をよぎった。

「前にな、ここに泊まりにきたんよ。そしたらこの子、私が風呂入っている間に腕切っとってな。風呂から上がって部屋に戻ったら血だらけになっとってな。カッター持っとったから、そんなもんはようしまえって怒ったことあったわ」

さゆりが何度も風呂に入れと勧めてきたことが急に不自然に思えてきた。熱いお湯がとても気持ちよいなどと思っていたのだが、リラックスしてはいられない。急いで風呂から上がり部屋のドアをノックする。

「入るよ」

一応断ってみたが返事がない。そしてドアをあけると、そこには腕を血だらけにしたさゆりがいた。右腕をゴミ箱の上におき、そこで切り刻んだようだった。あまりの出血に一瞬たじろいでしまった。ここまでの出血は今まで見たことがなかった。献血一回分よりは確実に多く出血している。意識があるのかないのか分からないようなうつろな目でさゆりがこっちを見て言う。

「もうなあ……切りたくて仕方なかったんよ。でもドロもオカ君もおったから、目の前で切ったらその場で止められるしなあ……」

とにかく止血をしなくてはならない。さゆりが持っていたタオルで血をぬぐうが、血は出てくるばかりで止まる気配がない。本当は縫わなくてはいけないような傷なのかもしれないが、目の前の血を見て冷静さを失ってしまった。

「大丈夫だよぉ……いつもこのくらい切ってるもん……」

このくらいというには多すぎる。これでは貧血になって鉄剤注射を打たなければならなくなるはずだ。むしろ輸血すべきなのではないかという量だ。

結局タオル二枚が血だらけになってしまった。消毒液で傷口をきれいにし、そしてまたタオルで圧迫する。ひじの上を縛って血液の流れを止める。五分ほどすると、徐々に血が止まり、固まってくるのが分かった。一瞬だけ写真を撮る。岡山に来てから撮り続けていて、カメラは常に首からぶらさげていた。まだ血は染みてきていたが、なんとか血が流れ出るのは止まった。もう一度消毒し、ガーゼをあてて包帯をきつめに巻く。なんとか処置が終わり一息つくと、さゆりは、「ありがとうな……いつもこんな感じなんだ……」と、力のない声でつぶやいた。

包帯に少し血がにじんできていた。やはり病院に行って縫ってもらったほうがいいのではないかと言うと、「うん……でもいつも同じだから……もう血も止まってるし……いつもこんなんだから……」と同じように力なくつぶやく。

　こうしていつも部屋に一人でいるときに切ったりするのだという。部屋に家族が入ってくることも少ないので、家族はなかなか知ることがない。以前、家族の誰もさゆりが切っていることを知らなかったと言っていたことに疑問を抱いていたが、それもうなずけた。

　処置が終わって落ち着いた頃、妹が部屋に入ってきた。

「あんた、それまた切ったん?」

包帯の巻かれた姉の右腕を見て妹の顔が少しゆがむ。しかし妹は怒らずに、なだめるように言った。

「また、もう何やっとるん……」

翌日の早朝にはもう東京に戻る予定だったので、その日は眠らず、さゆりが借りてきた映画を見てすごした。その夜、さゆりの様子は終始おかしかった。体が震え、目の焦点があっていない。話しかけても、「うん……」というだけで何を言っているのか理解していないようだった。

　夜中になると、震えが酷くなり、意識があるのかないのか分からない状態になりつつあった。一種のパニック状態のようで、何を言っても無駄だった。しかし一時間ほど経つと正気を取り戻し、こちらの声が聞こえるようになっていった。

朝五時頃になり、さゆりが車で駅まで送ってくれた。つい数時間前にパニックになったので、運転しても大丈夫なのか気になったが、本人が駅まで送ると言うので、お願いすることにした。駅で缶コーヒーを飲みながら電車を待つ。さゆりは数時間前のうつ状態が嘘のように明るく通る声で、「また遊びに来てな」そう言って見送ってくれた。

●

岡山から戻り十日ほどしてさゆりに電話をかけた。電話からは少し疲れた声が聞こえてきた。ただ、新しい仕事を始めたという。どんな仕事かたずねると、「うーん……」と黙ってしまった。

「あのなあ……男の人に気持ちよくなってもらう仕事……」

風俗だった。風俗で働いている人たちのことを否定することはできないが、さゆりの場合はより自分を傷つけることに繋がってしまう。さゆりの生活を支えられるわけではないが、すぐに辞めるように言うと、さゆりは、「でもなあ、仕事しなくちゃいけないし」と言った。仕事だったら別に探すべきだ。風俗というのは一度入るとなかなか抜け出せなくなってしまうときいたことがある。自傷癖のあるさゆりならなおさらだろう。

以前、取材についてメールをくれた人が、「今は自傷はしていません。その代わり売春をしています。これも同じように傷つきます」と言っていたことが頭をよぎった。

とにかく今すぐ辞めるようにさゆりに言ってその日は電話を切った。

四月になり、ひさしぶりにさゆりに電話をかけた。風俗の仕事は電話で話した直後に辞め、事務の仕事を始めたという。ただ調子は一進一退で、良くなったり悪くなったりを繰り返していた。

それから二カ月後、さゆりは妊娠した。相手は仕事先で知り合った男だった。付き合っているわけでもなく、男を断ることができなかった。しかし妊娠の事実を知ると男は、「責任を取れない」と病院にさえついてきてくれなかった。

「お母さんには話したんよ。驚いてたわ……。お父さんには話せてない。話したらほんとやばいと思うわ……。今産んでも育てられないから堕ろすと思う」

さらに自身と自傷についてもこう語った。

「小学校二年から十四年間のセックスとかレイプとかを考えると、頭もおかしくなって、意志も弱くなって、精神的にも肉体的にも男の人を受け入れやすくなってしまうんよ。罪悪感と後ろめたさ、嫌悪感が大きくなって、それが形になったのが自傷だと思う。

セックスだけの女とか、誰にでも股を開く女っていう言葉は一生私の中から消えることはないと思う。その言葉でより自分を追い詰めていって、いい方向に向かおうとはせず、どんどん悪い方向に自分で自分をおとしめてしまうんよ。ダメだね……。

傷を見ると幻聴が聞こえてくるんよ。お前は汚い人間だとか、いてもいなくても同じだとか、ズタズタにしてしまえとか、ビルから飛び降りろってのも聞こえてきたことある。でも全部幻聴で本物の声なんて一つもない。それでもその声に私は克つことができなかった。

仕事のストレスもあったしなあ。たとえ小さなミスでも、私にとってはすべてが大きなミスで、自分のことをとにかく責めてしまって。

誰とでも寝てしまうのって、一種の自傷行為なんよなあ。そうやって自分をどんどん汚していくんよ」

●

それから数週間後、さゆりから子どもを堕ろしたと連絡があった。朝九時に病院に行き、午後一時には終わったという。今の自分では育てられないし、そんな自信もないという。ただ、子どもを堕ろした罪悪感でさらに自分を傷つけてしまうような気がした。

「大丈夫?」

いつもと同じ言葉をかけると、

「大丈夫だよ……」

さゆりは今まで何十回も言った言葉を口にして、電話を切った。

ミリ——期待される自分、なりたい自分——

二〇〇六年一月十二日。その日届いたメールは沖縄からだった。沖縄には行ったことがなかったが、南国のリゾート、一度は遊びに行ってみたい場所、そんなイメージがあった。そのメールは今まで受けとった中でいちばん丁寧に文章がつづられていた。心身症を患い、自傷行為を始めてから三年が経つという人で、差出人は「ミリ」という、二四歳の女性からだった。

取材を受けたいと思っている理由をいくつか書いてくれた。病気に対する理解を深めたいので、「私にできることがあるなら」取材を受けたいという。被写体となることにより、自分自身を見つめ直してみたいという思いも強いようだった。彼女もネット上の書き込みを見て連絡をくれた一人だった。

ほかの人に伝えたのと同じように、まずは自分について詳しく記した。取材を始めた経緯、経歴、連絡先など、できるだけの情報を書いてメールを返した。すぐに返事があるかと思ったが、三日経ってもメールは来なかった。ちょうど彼女のネット上の日記を読むと、その理由が分かった。メールをくれた日、彼女はオーバードーズをしていた。日記には薬を飲んでいるということ以外に何も書かれておらず、その後どうなったのかはまったく分からなかった。気になってメールを送ってみたが、返事がない。日記には今までたまった分、一五〇錠飲むと書かれていたので、実際にそれだけ飲んだのだろう。結局、彼女の安否は分からないまま時間が過ぎた。

●

一週間ほどして返信があった。そこには申し訳なさそうにこう書かれていた。

「メールの返事が遅くなってすみません。睡眠剤や精神安定剤、その他いろいろな薬を一五〇錠以上飲んで気を失って、病院に運ばれました。そのまま入院することになり、病院で眠っていました。意識不明の昏睡状態が三日間続いたそうです。今日退院してきました。取材に関しては、私は今実家にいるので、母親にも了解を得なくてはならないと思います。なんとか話してみますので、もう少し待っていただけないでしょうか」

それからしばらくはメールだけでやりとりをした。その間も、ミリの調子が良くなる気配はなく、自傷行為とオーバードーズを繰り返しているようだった。

「死にたい」と思っても、実際には死ねないと分かっていてオーバードーズや自傷行為を繰り返してしまう。そんな自分にさらに嫌悪感を抱き、うつ状態が酷くなる。そしてまた自傷行為とオーバードーズを繰り返す。そんな悪循環が続いていた。ある日のメールには、「世の中で命が必要な人がいれば、心から交換したいと思うのに」と書かれていた。また、自分の容姿にコンプレックスがあるようで、そのことをとても気にしていた。

連絡を取りはじめて数週間した頃、電話番号を交換した。実際に話したほうが、メールだけよりもお互いのことを知ることができる。それからは電話で連絡を取り合うようになった。電話口でも彼女は「写真撮っていただけるのは嬉しいのですが、私はきれいじゃないから」と容姿を気にかけていて、「大学時代からは考えられないほど太ってしまった。これからダイエットして二〇キロは落とさないと」と繰り返し言っていた。

三月になり、ミリはまたオーバードーズをした。母親がいない間に薬を飲み、また意識を失ってしまう。そんな彼女の状態を気にかけて、母親もストレスがたまっているようだった。電話で話すと母親の話はよく出てきたが、父親の話が出てくることは一切なかった。取材については母親に伝えなければならないと言っていたが、まだ話していないという。何より調子が悪く、病院を変えたり、本人は嫌なようだが、母親に連れられてユタとよばれる沖縄の占い師のような人のところにカウンセリングを受けに行かされたりもしているようで、取材の話をする余裕が本人にも母親にもないように思えた。

それから数週間後、桜も散った四月中旬にミリから連絡があった。

「じつは母親に取材のことを話したんです。そしたら、こんな状態なのに取材なんて何を考えているんだと言われて、やめてくれと泣かれてしまって……。大変申し訳ないのですが、実家では取材できなくなってしまいました。こちらから連絡をしておいて、本当に申し訳ありません」

取材をさせてもらうのはこちらのほうなので、ミリが謝る必要はない。家族といっしょに住んでいれば家族の了解は必須だ。自分の娘が傷ついている姿を写真に撮られて嬉しい親などどこにもいないだろう。「取材についてはあまり気にしないでくださいね」と彼女に言うと、

「私は取材を受けたいと思っているので、もし状況が変わったらまた連絡させていただきます。本当にすみません」

相変わらずとても丁寧な言葉づかいで言うと、ミリは電話を切った。とても几帳面な雰囲気を感じる声だった。几帳面すぎるから、自分を許せなくなったり、心を縛り付けてしまうのかもしれない。

●

それからもミリとは月に一度ほど連絡を取った。五月はとにかくダイエットをすると意気込んでいて、実際に六キロほど落としたと、嬉しそうに話していた。

「目標の二〇キロまではまだまだなんですけどね」と謙遜してはいたが、六キロ落とすだけ

でも大変なことだ。ダイエットと言っても何も食べないというわけではなく、カロリー計算をして運動もしているのだという。あまりいい加減になれない性格なのだろう。水を常に持ち歩き、水分をこまめに摂るようにして、空腹感を紛らしているのだという。水で我慢していると いうのが、少し大変に思えたが、カロリー計算に運動と、本格的に行っているようだった。

ここ数カ月、うつが酷くなってからは仕事をしたくてもできず、何もできない日々が続いていたが、「何か目標を持つって大事ですね。以前より生活が充実しています」と言い、ダイエットを始めてからはリストカットやオーバードーズもしていないようだった。服を見に行っても、細身の服を見て、「この服を着こなすんだって思えるようになった」と、気持ちがポジティブになっていた。これで病気がすぐに治るというわけではなく、依然としてうつに苦しんではいたが、ダイエットを通して生活にも張りが出てきているのが、その声から窺える。ただ、無理に自身の背中を押しているようにも聞こえ、そのうち疲れて気持ちが途切れ、調子が悪くなってしまわないか不安を覚えた。

●

この夏、ミリは調子を取り戻してはまた悪くなるという状態を繰り返していた。夏も終わり、秋も深まりつつある十月、ミリからひさしぶりに連絡があった。翌年からのことについてだった。

「来年の一月から福岡に出ることにしたんです。ですので、よろしければ取材にいらっしゃってください。一月は新しい生活を始めたばかりで落ち着かないと思いますけど、二月になればもう慣れていると思うので、その頃でしたらいつ来ていただいても結構です」

病気は大丈夫なのか気になったが、一月から福岡で働くという。働く以外にも何か考えがあるようだったが、この時点ではまだ何も話してくれなかった。十二月になるとミリの調子は徐々に安定していった。昨年の一月の時点では毎日十錠以上の薬を飲んでいたが、今では一、二錠で済んでいるという。一月からは福岡で新しい生活が待っている。少しずついろいろなことが上向いているようだった。

●

年が明けると、ミリは福岡に向かった。すでにアパートなどの手配は済ませていたので、新生活を始めるにあたっての問題は少なかった。何より福岡は大学時代の四年間を過ごした場所なので、勝手を知っている。

ミリが福岡に来た本当の理由は看護学校に通うためだった。ちょうど一月に入学試験があり、受験後はそのまま短期派遣で働き、学費の足しになるようにお金を稼ごうと考えていた。試験には自信がなかったミリだが、志望していた学校に無事合格することができた。以前にも看護学校を二度受験したが、二回とも落ちた経験があり、ミリにとっては三度目の正直だった。

受験後、ミリはすぐにコールセンターでの仕事を始めた。看護学校にも合格していたので、四月の入学まで働いて学費の足しにしなくてはならない。しかし沖縄で一年間療養していたとはいえ、ミリの調子は安定しておらず、いつ悪化してもおかしくない状態だった。病院や役所などで障害者自立支援法の手続きなどをしなくてはならず、いずれにせよ仕事は休まなければならなかった。

十二月の時点で薬の量が大幅に減っていたが、ここにきてまたもとに戻ってしまった。ストレスで胃腸炎にもなり、夜も眠れない日が多くなっていった。そのうち睡眠導入剤を飲まなければ眠れなくなり、それが原因で朝起きることができず仕事に遅刻するという悪循環に陥りつつあった。

二月の終わりには嘔吐癖も再発し、食べたものを吐くようになっていた。胃腸炎のため、吐いたものに血が混じるようになってしまう。そんな精神状態はミリをさらに追い込んだ。そしてまたオーバードーズしてしまう。

薬を飲んだ後、ミリはいつものように診察のために病院に向かった。そして診察中に意識を失い倒れてしまう。結局そのまま入院することになり、気づいたら点滴針が刺さっていてベッドに寝かされていた。

ミリの入院を聞き、母親が沖縄からやってきた。実家に連れ戻されそうになったが、なんとか回避することができた。ミリは実家に連れ戻されることをいちばん恐れていた。ようやく合格した看護学校。なんとか卒業して看護師資格を取りたい。

●

ミリは沖縄の那覇市で生まれ育った。家庭は、両親と母方の祖母、二人の弟、そしてミリを合わせた計六人。ミリは幼いときの記憶があまりないというが、小学校に上がる前から、父親に恐れを抱いてすごしていたという。

「小さい頃の記憶はあまりないんですけど、母親が言うには、父親に強く名前を呼ばれると、ビクッと震えて、怖くて泣いていたそうです。父親のことを恐怖に感じていたんでしょう。あと父親に、『死んでください』というような内容の手紙を書いたのは覚えています。父がお酒を飲んで遊び歩いて、ほとんど家に帰ってこない状態でしたから」

ミリは幼い頃から酒乱の父親の暴力を受けて育ったという。

「小学校三年生くらいまではそこそこよかったんです。よかったと言っても、その後に比べてということですけど」

ミリの父親は外で遊びほうけ、家にはあまり帰ってこなかった。家にいない父親から危害を加えられることも少なかった。しかし、徐々に外で遊ぶ金がつきてくると、自宅で飲むようになっていった。

「夜中の一時とかに父のところに呼び出されて、わけの分からない説教をされました。小学校四年生くらいからですかね」

ミリの父親はゼネコン関係の営業をしていた。仕事はしていたが、なぜかミリの学校が終わる頃に家にいることもあったという。学校の後、父親が待っていると思うと家に帰りたくないこともしばしばあったが、ミリの両親は共働きだったため、部活動の後、一番下の弟を保育園に迎えに行くことはミリの仕事になっていた。

ミリの家は二世帯住宅になっていた。祖母が一階で暮らし、ミリたち家族は二階で暮らしていた。しかし父親の暴力に耐えきれず、小学校五年のときにはミリは一階で祖母と一緒に暮らすようになっていた。

「弟を連れて帰宅すると、父親にばれないようにそーっとドアを開けて家に入るんです。でも音で分かるみたいで、そうすると父親がいる二階から一階に電話がかかってきて、上に来いって言われるんです」

父親の部屋に行くと、相変わらずわけの分からない説教をされた。父親は常時酔っ払っている状態で、しらふであることは少なかった。

あるときこんなことがあった。

「すごく強烈に記憶に残っているのは、二階からの電話で上に来いと言われて、父親が汚したお皿を洗うように言われたんです。私は、なぜ私が父親の汚したものを洗わなければならないのかと反抗しました。でもそれがよくなかったんです。とにかく反抗したら怒る人でしたから。口答えしたら気分を害したようで、出て行けと言われました」

理不尽に怒る父親に背を向け、ミリは一階へと降りていった。

「一階で麦茶を飲もうとしてコップについでいたんです。そしたら父親がドタドタとすごい勢いで下りてきて、ドアを勢いよく開けて私の方に向かってきました」

ミリの方に向かってきた父親は、何も言わずにミリの顔を殴った。

「吹っ飛びましたよ。壁に頭も打ち付けてしまって。でも痛いと思った次の瞬間、『立て！』と言われて……。一発で気が済まなかったのでしょうね」

起き上がった瞬間、もう一度顔を殴られて飛ばされた。父親はさらにミリに立つように言った。

しかしミリの手足は震え、もう起き上がれなかった。横たわっているミリを見て、父親が何か罵声を飛ばしていた。

「何か叫んでいたんですけど、何を言っていたのかは覚えていません。でもその後もう少し殴られた気がします。顔だけではなくて、頭も二、三回殴られました」

ミリを殴り終わると、父親は二階へと消えていった。その後、ミリは戸締りをして弟を保育園まで迎えに行った。帰宅してミリは小さな弟を一階の自分の部屋に隠した。

「弟には、お母さんかおばあちゃんか、私がいいよって言うまで絶対にドアを開けちゃだめだからねって言って、一階の私の部屋で鍵をかけて待っているように言ったんです。弟は小さかったですから、もし私と同じような目にあったらどうなってしまうか分からないから……」

するとと父親からまた二階に来るように言われた。結局その日は、母親と祖母が帰ってくるまで、三時間ほど説教され続けた。

「何を説教されたのかはよく覚えていないんですけど、死にたくなるようなことを頻繁に言われていた気がします。さすがに死ねとは言われなかったけど、お前なんて生きていても意味がないとか、私の人格を完全に否定するようなことを言われ続けました」

父親の暴力が絶えることはなかった。あるときは電話帳を投げられ、またあるときは食器を投げられた。

「全部頭を狙って投げてくるからとても怖かったです。いまだにこの年になっても強迫観念に駆られることがあります。夢の中に父親が出てきて、二階から下りてきたりするんです。そのとき、私は早く鍵を閉めないと父親が入ってきてしまう！　急がないと！　というように焦ってしまって、うなされるんです。

中学生になってからも父親の暴力が止むことはありませんでした。母親はすでに父親のことを見捨てている感じで、ずっと仲が悪かったです。私は相変わらず罵声を浴びせられて、殴られて、そんな生活でした。でも中学二年になった頃、祖母が六〇歳になって定年退職してからは少し状況が変わりました」

ミリの祖母は定年を迎えると、家にずっといるようになった。それからは弟の面倒も祖母が見るようになり、父親を監視するようにもなった。

「いっしょに住んでいたのは母方の祖母なんですけど、私のことをとてもかわいがってくれて、小学校五年生から一階の祖母の住宅で私は生活していましたから、本当に祖母のことが大好きでした。私のことをいつも応援してくれていました」

とはいえ、父親の暴力が完全に止んだわけではなかった。

高校生活はミリにとっていちばん楽しい時間だったという。

「私が通っていたのはとても田舎の高校だったんですけど、本当に楽しかったです。部活は最初テニス部に入っていたんですけど、ヘルニアになってしまって……。それで高校二年の夏からブラスバンド部に入りました。家庭では父親のことがあったけど、学校生活のおかげで私は救われていました」

家に帰れば祖母もおり、父親の酒乱が少し落ち着いてきたのもこの頃だった。

●

大学は福岡の「あまり偏差値の高くない大学」に入った。父親は浪人してもいいから国立に行けとミリに言ったが、浪人生活に自らが耐えられそうにないということをミリは悟っていた。

「甘えだとは思うけど、きっと浪人したら私のような人間は遊んでしまいそうだから」

結局、父親の反対を押し切って福岡にある私立大学に進学する。このとき、誰よりもミリの進学を応援してくれたのは祖母だった。

「父親は月に一度、出張で福岡にやってきました」

ミリは大学生活のことを父親に話したくて仕方なかった。しかし大学のレベルが低いという理由で一切聞いてくれなかった。

「今でも忘れられないのは、父親に詐欺師と言われたことです……。大学のレベルが低すぎるから、国立に行けなかったから、そんなことを言われました」

それでもミリは父親に大学生活について聞いてほしかった。

「今こんなことを勉強しているよって言ったら、どうせお前の大学でやっていることなんか何の役にも立たないだろ！って一蹴されてしまって……。もういいやって。この人は何も聞いてくれないんだと悟りました」

そんなことがありつつも、大学生活は楽しかったという。しかし翌年の三月、祖母が亡くなってしまう。ミリにとってはいちばんの理解者で、名もない私立大学に進学することも応援してくれた。定年退職をし、第二の人生が始まったばかり。六六歳という若さだった。ミリはこのときに医療従事者への道を考えたという。しかし、大学には通い続けた。

祖母の四十九日が終わると、それを機に両親は離婚した。離婚後は両親ともに今まで住んでいた家を離れ、べつべつに暮らしはじめた。弟は母親が育てることになった。

無事に大学を卒業したミリは、京都の大学院に進学する。大学院への進学を決めたのは前年の十一月と遅かったが、なんとか受験に間に合わせ合格した。

「大学院には行ってみたかったんです。でも父親の影響が大きかったと思います。祖母が亡くなったときに医者か看護師になりたいとは思いましたが、結局このままだと一生父親に詐欺師などと言われ続けると思ったんです。ある程度名前の知れている大学院に行けば、父親に何か言われるようなこともなくなるだろうと思って……」

ミリが進学した大学院は京都では名の知れた学校だった。ミリの予想どおり、大学院の名前を言うと、父親はミリに対して何も言わなくなった。

しかし、大学院に入ってすぐに勉強についていけなくなってしまう。パニックに陥り、記憶障害になることもあった。精神状態が安定せず、酷いときは自分が書いた文字すら読めなくなる。自傷行為を始めたのもこの頃だった。

「実際にいつ切りはじめたのかとか、その頃のことがあまり記憶にないんですけど、六月くらいには自傷行為を始めていたと思います。母親に体調が悪いと訴えたら、心療内科に行くように言われたんです。もう五月には病院に通っていました」

通いはじめた病院で薬を処方されたが、いっこうによくならなかった。うつはさらに悪化し、前期が終わると大学院を中退して実家のある沖縄に戻った。

父親にまた何か言われるのではないかと内心恐れていたが、怒りもしなかった。「なんで辞めたの？」程度で、名の知れた学校に入ったという実績さえあればよいようだった。

ミリは両親の前で傷だらけになった両手と左足を見せた。

「こんな状態になったから、もう勉強どころじゃなくなったって言ったんです。両親とも驚いていましたけど、父親はとくに驚いていました。お前は明るさだけがとりえじゃなかったのかって言われて泣き出してしまって……。あのときは両親も私も、みんな泣いていました。父親はそのときに、私がこうなった原因の一つは自分にあるのではないかと、どこかで悟ったのかもしれません……」

それ以来、ミリと父親との関係は徐々に回復していった。大学に入ってから何年も離れて暮らすようになり、距離をおいていたのもよかったのかもしれない。

「お互いに受け入れられるようになったのかもしれません。あのときは父親も大変だったんだろうなと。毎日お酒を飲んで逃げて、母親は見捨てているような感じでしたし……。父親には周りに味方が誰もいなかったから」

もちろん、父親から受けた仕打ちを忘れることはできない。もし父親が暴力を振るわず、違う育て方をしていれば、ミリはうつ病にならなかったかもしれない。人格を否定されるようなことばかり言われていたので、自己否定ばかりするようになってしまった。

しかしミリは言う。

「うつ病になったから父親と仲良くなることができたのは事実で、今では父親のこと大好きですし、いっしょにご飯を食べに行ったりもしますし。過去のことは、もうどうしようもないから……」

●

二〇〇七年二月、オーバードーズしてしまったミリだが、なんとか実家には連れ戻されずに済んだ。祖母の死を経験して医療従事者になりたいと思ってから七年、回り道はしたが、ようやく合格した看護学校を諦めるわけにはいかない。

四月から新たな学校生活が始まった。念願かなって入れた看護学校。とはいえ、授業は難しく厳しいもので、調子が安定していないミリにとっては辛い新年度のスタートとなった。毎日のように食べ物を吐き出してしまい、それでもなんとか学校に通っていた。オーバードーズしたいという衝動に駆られることもあったが、次に同じことをしたら強制的に実家に戻されてしまうことになっていたので、大量服薬だけはしないようにしていた。ミリをなんとか支えていたのは、なんとしてでも看護師になるという思いだった。

ひと月ほどするとミリは新しい生活にも慣れてきたようで、五月中であれば取材を受けることができるという。お互いの予定を考えて、五月下旬に福岡に向かうことになった。

福岡は気温が二〇度程度ですごしやすかった。空港から電車に乗り、待ち合わせ場所の博多駅へ向かった。博多駅には一年半前に来たことがあった。ミリとは博多口にある博多山笠台飾りの鈴の前で待ち合わせた。時間になってもミリがやってこないので、周りを見回すが、どうもそれらしき人はいない。すると、携帯電話が鳴った。授業が長引いてしまったので遅れているという。十分くらいで到着するというので、そのまま鈴の前で待つことにした。電話で連絡をとりはじめてから一年以上が経っていたが、実際に会ったことがないのでどんな人か分からない。ミリからは、生い立ちを含めすでにいろいろな話を聞いていたので、初対面というのが不思議な気分だった。以前にも感じたが、お互いを知らずに知り合えてしまうネット社会というのは、便利だが奇妙でもある。

それから十分ほどすると、制服姿の女性が少し焦った様子で現れた。携帯電話が鳴り、その女性の口の動きと、耳から聞こえてくる声のリズムが重なる。

「目の前にいますよ」

すると女性はこちらを見て電話を切った。

「はじめまして、ミリと言います。お待たせしてすみません。学校がちょっと遅くなってしまって」

電話で話していたときと同じ丁寧な口調で女性はそう言った。

「はじめまして、岡原です。こちらこそお忙しいところすみません」

お互いに自己紹介をすると、

「私の家けっこう遠くて、バスで三〇分くらいかかるんです。そこのバス停から乗れますので」

ミリは駅前のバス停を指さして言った。

五分も乗っていると、バスから見える景色がビルから住宅街へと変わっていった。

「もうすぐです。次で降ります」

ミリに倣ってバスを降りる。九州ではいちばん大きな都市だが、東京と違って道路の幅が広い。ミリのアパートは福岡市の郊外にあった。バスの通る幹線道路から五分ほど入ったところにあるので車の騒音もせず、学校まで少し時間がかかることを除けば、暮らしやすそうに見える。

ミリの部屋はアパートの二階にあった。

「ちょっと待っていてください」

ポストの中身をチェックしにいく。中からはチラシの山が出てきて、ミリは少し面倒くさそうにそれらを取り出す。

「こちらです、どうぞ」

相変わらず丁寧な口調でミリは部屋に案内してくれた。

「狭いですけど……」

通された部屋は一人暮らしには十分な広さに見える。六畳間とは別にキッチンが二畳、ロフトもついている。同じようにロフトがあった凪ちゃんの部屋に比べると天井は低いが、よくある高さだ。部屋にはこたつ机にテレビ、本棚にステンレス製のラック。机の上には学校の教科書といっしょに、ミリが処方されている薬の入った大きな袋が置かれていた。角六サイズの封筒より大きく、中には薬がたくさん入っているように見えた。毎日十錠近くの薬を飲まなくてはいけないミリが処方される薬は、単純計算しても十日間で一〇〇錠になる。袋の大きさにも納得がいった。

　キッチンとリビングを隔てる引き戸の向こうでTシャツとハーフパンツに着替えると、ミリはこたつ机の前に腰をおろしパソコンを開いた。ちょうどテレビの正面が定位置のようだ。メールをチェックし、ネット上のコミュニティにある知人の日記を見て回る。

「帰宅したら勉強以外はほとんどネットをしていますね」

そう言うと、ミリはまたパソコンの画面に集中する。

「あ、あの自由にくつろいでください。ぜんぜん気をつかわなくてかまわないので」

もう一度顔を上げてそう言うと、またパソコンの画面に目を落とした。ミリは毎日のようにネット上で日記を書いていた。その日に起こったことというよりは、その日の感情や思いのたけをぶつけていて、ストレスを発散する場所になっているようにも見えた。

夕方になり、ミリがアパートの周辺を案内してくれた。大学時代もこの周辺に住んでいたので、勝手が分かって便利なのだという。夕飯を食べていなかったので、近くのスーパーに買出しに向かった。夕飯に何を食べたいかとミリに聞くと、ダイエットをしているので食べないという。嘔吐癖もあり、食べても吐いてしまうのも理由のようだ。体型に対するコンプレックスも嘔吐癖の原因のようだった。

「私は食べないですけど、気にせずに食べてくださいね」

ダイエット中の人の前で食事をするのは気が引けたが、夕飯用に調理済みの白米とレトルトカレー、それとウーロン茶を買った。

部屋に戻り、二人とも特にやることがなくテレビを見てすごした。ちょうどバラエティ番組が流れていて、お笑い芸人が画面の中でくだらないことを言って騒いでいる。ミリもくだらないと思ったのか、パソコンを開いてネットサーフィンを始めた。しばらくパソコンに集中していたミリが顔を上げて言った。

「岡原さん、この人知ってます？」

何のことかと思ってパソコンを覗くと、そこにはミリがネット上で知り合ったという人からメールが届いていた。「そこにいるカメラマンは、私の知り合いのところにも現れたようで、とても怪しいから注意するように」という内容だった。

際限なく誹謗中傷が広がるのがネット社会でもあり、多少恐怖感を覚えた。とはいえ、放っておく以外にどうしようもない。

「自分もうつ病なのか、奥さんがうつ病なのか、なんだか大変そうではあるんですけど、たまに、あなたにそんなこと言われる筋合いないわよっていうようなことまで言ってくるんですよ」

ミリは少し同情して言った。たしかにその人の日記を見ると、精神的に追い込まれているような雰囲気が漂っていた。きっと悪い人ではないのだろう。

夜も八時を過ぎ、そろそろ夕飯でもと思い、買ってきたレトルトカレーを温めた。ミリは本当に何も食べようとせず、ひたすら水だけを飲んで過ごしていた。

「水をたくさん飲むようにしているんです。けっこうお腹もふくれるんです」

一年前にダイエットをしていたときにも、同じことを電話で言っていたのを思い出した。たしかに水を飲むことは代謝を促すので体には悪くないのだろう。僕自身も大学時代に夜など食べすぎないように水を飲んですごしていたことがあるが、空腹感が紛れるわけではない。人によって感じ方は違うだろうが、ミリはやはりお腹が空いているように思えてならなかった。無理なダイエットは精神衛生上よくない。

水だけを飲み続けるミリの横で、カレーライスを食べた。申し訳ない気分になったが、気にしても逆に気をつかわせてしまうような気がした。十一時を過ぎ、ミリは翌日も学校があるからと、寝る準備を始めた。

眠る前に睡眠導入剤を飲むが、ぐっすりとは眠れていないようで、いざというときにはハルシオンという薬を飲むのだと説明してくれた。こたつ机の横に置いてある銀色のラックには、薬の袋がいくつも置かれていた。オーバードーズをするつもりはないが、薬が手元にたくさんあると精神的に落ち着くのだという。

●

翌朝、ミリは七時に目を覚ますと、学校に行く準備を始めた。食パンを食べ、化粧を済ます。学校まではバスを二つ乗り継がなくてはならないため、八時には家を出る。土日は休みなのかと思っていたが、土曜日も午後まで授業が入っているという。それだけ勉強すべきことが多いのだろう。

朝の福岡はたいして混雑しておらず、バスは順調に学校に向かっていった。学校は新しく開発された地域にあり、博多駅からはわりと離れていた。校内には入ることができないので、ミリとは学校の前で別れることになった。

「授業が終わったら連絡します。また博多駅あたりで」

そう言うと、ミリは学校の建物の中へと消えていった。

ミリが授業の間、博多ラーメンの店を梯子した。福岡に来る前にミリと電話で話したときには、ラーメンやモツ鍋でも食べようと言っていたが、ミリはダイエット中で嘔吐癖もあるので、食事らしい食事をいっしょにすることはできなかった。

午後四時頃、博多駅前のビルの中にあるファーストフード店で時間をつぶしていると、ミリから連絡が入った。授業が終わったのでこれから博多駅に向かうという。また昨日と同じように博多口の大きな鈴の前で待ち合わせることにした。三〇分もしないでミリがやってきた。帰宅するのでバスに乗ろうというと、アパートまで歩くという。普段、ミリはダイエットのために、博多駅からアパートまでは歩いて帰宅していた。バスで三〇分もかかる距離だ。歩くと一時間以上かかるが、ほかに体を動かすことをしていないミリにとっては、貴重な運動時間だ。

「遠いし時間がかかるので、もし疲れたら鍵渡しますんで、バスを使って帰ってくださってもけっこうですから」

そんな気づかいを見せてくれるミリと、アパートに向かって歩きはじめた。

たしかに遠い。ミリのアパートの電車の最寄り駅に着くまでに一時間かかった。毎日歩いていれば確かにダイエットになるだろう。駅構内のスーパーマーケットに寄り、買い物をした。ミリはワインが好きなのだといい、どうしようか迷った末に、安いボトルを一本買うことにした。毎日薬を飲まなくてはならないので、本来アルコールを摂取すべきではないのだろうが、薬を飲むという行為があたりまえになっているので、気にしていられないのだろう。

部屋に戻るとすでに五時を過ぎていて、テレビをつけると夕方のニュースが流れている。ミリは部屋着に着替えると、前日と同じようにこたつ机の前に座り、パソコンを開いてネットサーフィンを始めた。

夕飯はまた食べないようだったが、ワインを前につまむものもないので、近所の商店に買い物にでかけることになった。チーズなどを買い、部屋に戻る。ミリは嬉しそうにワインを開け、つまみをほおばった。しかし一度食べだすと食欲が沸いてきてしまうようで、「あー、お腹すいた。どうしよう、どうしよう」と言ってスパムを焼きはじめた。

「今日だけ、今日だけ」と言って食べている姿を見ると、我慢しなくていいのではないかと思うが、本人にとっては重要なことだ。しかしこの日は緊張が途切れてしまったようで、タコライスの素をパンにつけて食べていた。とはいえ、本来の夕食には程遠い量だ。

「ああ、おいしい、おいしい」

何度も「おいしい」と言い、食べ終わると落ち着いたのか、表情が柔らかくなった。ダイエットそのものがストレスになっているようだった。

しばらくワインを楽しんでいたミリが言った。

「これ、知っていますか？」

見せられたパソコンの画面には「ハルシオン〇・二五㎎、銀ハル一シート二〇〇〇円で売ります」、「アモバン七・五㎎、デパス〇・五㎎、パキシル一〇㎎、レキソタン二㎎。一五〇〇円」と書いてある。なんとなく薬の名前なのだろうと想像がついた。

「これ、医者にもらって余った薬がネットで売られてるんです。うつ病とかで働けない人ってなかなかお金も稼げないし。あと、訳あって精神科や心療内科に行きたくない人は、こういうネットの掲示板とかで薬を買ったりするんです」

きっと薬事法違反になるのだろうが、ネット上での薬のやりとりは多いという。ミリは売買したことはないが、お金に困っている人は結構いるので、気持ちは分かるという。中にはネット上で売買するために、いくつもの医者にかかっている患者もいるという。病院によっては簡単に大量の薬を処方するところもあるようだ。医者として患者を本気で治療する気があるのか、と問いただしたくなるが、お金に困った人にとっては薬を入手できるので、助かっている人も大勢いるようだった。

もう一つ、ミリがウェブサイトを見せてくれた。画面には大小さまざまなフォントでいろいろな文字が散らばっている。

「怖い、精神病、うるさい、普通って何、勉強しなきゃ、死にたい、頭が悪い、金がほしい、手が震える、暇つぶし、心配されたい、疲れる、都合良い、人に頼るな、何がしたいの、逃げたい、夢はある、強くなれよ、落ち込め、混乱、奇麗事」

支離滅裂で何のことだか画面を見ただけではよくわからない。

「これ、私がずいぶん前に作ったんです。なんかもう自分の中にある気持ちを吐き出すために」

これらの言葉はミリの頭にそのとき浮かんだ言葉だという。僕がスキーの選手時代の先輩で、今は編集者をしている人が言っていたことを思い出した。

「スランプに陥った選手が、紙の上に何でもいいからそのときに浮かんだ言葉を書き出すんだよ。だいたい書くことって支離滅裂だったり、矛盾していたりするんだけど、その中に自分の本当の気持ちがあって、カウンセラーの人が、その選手に必要な言葉を拾っていくんだよ」これこそミリがカウンセラーのもとでやるべきことなのかもしれない。本能的に自己治療をしているということなのだろうか。

そんなことをしていると、すでに夜十一時を回っていた。翌日は日曜日なので授業もない。とはいえ、夜更かしはミリの体にとってよくない。するとミリが立ち上がってトイレに行った。何も気にせずに部屋にいると、突然嘔吐する音が聞こえてきた。食べたものを全部戻してしまったようだ。十分ほどしてトイレから出てくると、疲れた表情で、「また吐いちゃいました……」と少し苦しそうに言った。食べて吐く、食べて吐くの繰り返しは胃や喉にもよくない。精神的にも落ち込みやすくなる。そしてまた薬が増える。

「なんだか眠れそうにないので、これを飲んで寝ます」

そう言うと、薬袋から親指程度の大きさのアルミパックを取り出す。いざという時に飲むといっていたハルシオンという薬で、睡眠導入剤として効き目が高いのだという。しかし人によっては副作用が強いようで、短気記憶喪失になることもあるという。ミリも副作用が出ることがあったが、どうしても眠れないからと摂取した。薬を飲んで十分も経つと、まぶたが落ちてきて、言葉も眠気のために何を言っているのか分からなくなり、そのまま布団の中に入って眠ってしまった。飲みなれているミリでここまで効くのだから、薬を飲みなれていない人が摂取したら一瞬で意識を失ってしまいそうだ。

●

翌日、ミリは薬が効いているせいか、昼頃まで起きなかった。その日は結局どこにも行かずに部屋ですごすことになった。以前聞いた彼女の生い立ちについてまた話してくれた。看護学校の授業の復習をし、いつものようにネットサーフィン。気づくとすでに日も落ちて夜になっていた。やることもなく、テレビをつけると、ちょうどNHKでハンセン病の特集番組が放映されていた。回復者の女性が、かつて堕胎させられており、その子がホルマリン漬けになって保存されていた事実が分かり、最後にようやく殺されてしまった自分の子供に会うことができたという内容だった。僕はちょうど翌月から中国にハンセン病の回復者たちの取材にでかける予定だったこともあり、番組に見入ってしまった。ミリも興味を持ったのか、画面をじっと見つづけていた。

番組を見終わると、ミリはまた定位置のこたつ机の前に戻ってネットサーフィンを始めた。メールをチェックし、ネット上にその日の日記を書き、知人の日記をチェックする。しばらくそんなことをしていると、ミリの目の焦点が合わなくなってきているのが分かった。眼球が揺れて、明らかに様子がおかしい。突然調子が悪くなったのか、「あー、切りたい、切りたい、切りたい」と言い出した。ただ、看護学校に通っているミリは腕に傷をつけることができない。学校で腕に新しい傷があるのを知られれば即停学になってしまうという。四月に入学してから、できるだけ自傷行為をしないように我慢してきた。しかし、どうしても切りたいときには左足の太ももを切っていた。

「我慢することはできないの？」

そう聞くと、

「ずっと我慢してたんです。ずっと切りたくて仕方なかったんです。切ったら落ち着くと思う」

すると、机の上においてあったカッターを手に取り、太ももを切りはじめた。赤い線が引かれていく。ミリは切ることに集中しているようで、声をかけてもほとんど返事がない。こちらもその雰囲気に呑まれてしまった。

五分ほどしてミリはカッターを置いた。流れた血をティッシュでふき取る。血のついたカッターの横には、『看護学入門』と書かれた教科書が置かれていた。彼女が看護学校を卒業できるのか不安になった。

切り終わった足をミリは携帯電話のカメラで撮っていた。今までも自分の傷を撮って残しているという。たしかにネット上でも自傷行為をしている人が、自らつけた傷を携帯電話のカメラで撮影し、アップロードしているのをよく見かける。自分の感情を訴えたい思いがそうさせるのだろう。以前木部ちゃんが「人に言われると嫌なんだけどさ、結局のところ、自分のことを見てほしいっていう感情も否定できないんだよね」と言っていたことを思い出した。

切り終わってからしばらく放心状態だったが、ようやくミリの目の焦点が合いはじめた。切ってほっとしたからだろうか。

●

翌朝、ミリは七時に起き、学校に行く準備をする。傷は痛まないのか聞くと、

「痛いですよ。痛いけど、切りたくなってしまうんです」

そう言って二日前と同じように学校に向かっていった。

ミリの授業が終わってから、同じように博多駅の鈴の前で待ち合わせた。

「せっかく来てくださったのに、案内する時間がなくてすみません」

と、ミリが申し訳なさそうに言うので、こちらこそ忙しいところを取材させてもらっているのだから気にしないでと返した。実際に学校の授業は大変なようで、ついて行くのに必死のようだった。

この日、ミリは学校帰りに病院に寄った。今日が診察日で薬も処方してもらわなくてはならない。役所でもらった医療費に関する書類も提出しなくてはならなかった。ミリが通っている病院は、博多駅から数駅離れた私鉄の駅の近くにあった。心療内科というとクリーム色や薄いピンク色や水色で統一されているイメージがあったが、その病院の壁は木目調の濃い茶色で統一されていて、来た人がかしこまってしまいそうな雰囲気があった。中にはほかの患者はおらず、ミリはすぐに診察を受けることができた。診察は十分もせずに終わり、処方箋をもらって病院を後にした。

この日もアパートまで歩いて帰った。たどり着いた頃には日も傾き、あたりが暗くなり始めていた。部屋に入り、パソコンを開き、メールをチェックする。いつもと同じようにパソコンの前でミリの時間が過ぎていく。

夜八時頃になって、外を散歩しようということになった。少し離れているが、本屋やレンタルビデオ店があるという。ミリのアパートの近くにある幹線道路は、夜のせいか車の数が少なく、広い道路をより広く感じさせる。街路灯の下を歩くミリの姿を見ていると、そのまま暗闇に吸い込まれていってしまいそうな気がして不安を掻き立てられた。

二時間ほどして部屋に戻り、ミリはひたすら水を飲んだ。昨日食べ過ぎたからと、この日の夕飯は食パンを二枚。そして水を飲んで空腹感をごまかす。とはいえ、やはり食パン二枚では足りないのか、タコライスの素だけをスプーンで食べていた。あまり健康的ではないので、ちゃんと食べたほうがいいのではないかと言ったが、体重を気にしている本人にとっては少しのカロリーが大敵なのだ。勉強も忙しく運動をする時間もないので、どうしても食事を制限するしかない。食事を終え、薬を飲むと、ミリはそのまま横になった。

●

翌朝、ミリはいつもと同じように学校に向かった。夕方になり、博多駅の鈴の前で待ち合わせる。この日もアパートまで一時間以上かけて歩いて帰った。途中、ミリが申し訳なさそうに言った。

「あの、本当にすみません、実は学校で明後日にテストをすることになって、どうしてもその勉強を一人でしたいので取材は今日までにしてもらえませんか？」

予定ではあと三日ほど取材をさせてもらうことになっていたが、ミリは一人で勉強する時間が必要だという。本人の将来がかかっていることを邪魔する理由はどこにもないので、翌日に帰京することになった。その夜、ミリはテーブルに置いてあった『看護学入門』を開き、その日の復習をした。昨日までと同じように時が過ぎていき、ミリは薬を飲んで床についた。

翌朝、ミリと一緒にアパートを出て、空港へ向かった。ミリは、「次いらっしゃることがあれば、そのときはラーメンやモツ鍋を食べにいきましょう！」と言い、ダイエットを成功させて、学校のテストもがんばると意気込んでいた。一つ目のバスを降り、ミリは次のバスを待つ。ミリにとってはいつもの一日の始まり。

「お世話になりました。また来てくださいね」

「いえいえ、こちらこそお世話になりました。ありがとう」

「本当にすみません、テストがなければもう少し長く取材していただいてもよかったのですが」

「とんでもない。テストがんばってくださいね」

そんな会話を交わしていると、バスがやってきた。ミリが背を向けてバスのステップを上がっていく。ドアが閉まり、バスはいつもと同じようにバス停の先を左に曲がり、消えていった。

電車や飛行機に比べてバスは別れの風情というものがあまりないような気がする。

「手に職でもつけないと、私は生活していけないから」

ミリの言葉は現実の厳しさを物語っていた。うつ病のために、働いてもすぐにクビになってしまう人が多い中、「手に職」を求めるのは当然のことかもしれない。しかし、うつ症状が酷くて働くことができなければ、手に職があっても同じ結果になってしまう。結局のところ、病気を少しずつ治していくしか方法はないのかもしれない。

●

取材後、ミリとはときどき連絡を取ったが、福岡に会いに行くことはなかった。翌年の一月、「これから実習が始まるんです」と、ミリは緊張した声で言った。腕に残ったリストカットの傷について何か言われるのではないかと不安を覚えていた。

五月になり、ひさびさにミリと連絡を取ると、すこし眠そうな声が聞こえてきた。

「おひさしぶりです。いや、さっき薬をたくさん飲んでしまって……。でも十錠とかそんなものだから、眠るかもしれないけど意識失ってやばくなることはないと思います……」

今は話ができる状態ではないのかもしれないと思い、数時間後にかけなおすことにした。

「大丈夫でした。十錠程度じゃ眠りもしませんでした」

薬を飲みなれているからだろう。決してよいことではないのだが、ほっとしてしまう。そういうミリに近況を聞く。看護学校は今年度から休学し、来年度からまた通いはじめることにした。進級はしているので、二年目からやることになる。今は沖縄の実家で療養しているという。

「一応、准看護師の資格は取りたいから、来年からまた通います。医者も今は何もしないほうがいいって言っていますし、少しゆっくりしようと思います」

自傷行為は止んでいるのかと聞くと、

「自傷はしています。止められないんです。まだ続けると思います。ほかの人はどういう気持ちで切っているか分からないけど、血を見るとほっとするんです。最初は父親へのアピールみたいな感じだったんです。こうでもしないと分からないなって思ったのかもしれません。でもなんかそれも変わってきて中毒っぽくなってしまったっていうか」

そこまで話すとミリの声が途切れる。十秒ほどしてまた声が聞こえてきた。

「すみません、もう寝ようと思って薬を飲んでしまったので、まぶたが開かなくなってきました……。また何かあれば連絡してくださいね」

「うん、分かった。ありがとうね。ゆっくり休んで。おやすみなさい」

「はい、おやすみなさい……」

そう言うと、ミリは電話を切った。

●エピローグ〔二〇〇九年、岡原功祐 記〕

卒業式の翌日から、僕は出たばかりの大学の一部署でアルバイトを始めた。写真でなんとか身を立てたかったが、右も左も分からないど素人の写真が売れるわけもなく、毎日八時間の事務作業に勤しんだ。同じ部署にいたパートのおばさんからは、「写真家なんて言ってないで、さっさと就職しなさい」と諭される毎日。

半年ほどして初めて小さな雑誌に写真が載り、学内にいる恩師に届けると、「これに載っても普通の人は見ないわよ」と優しい口調で厳しく返された。もっともな意見とは思うが、日に日に所在なさを感じるようになっていった。

一年ほど経って大学でのアルバイトを辞めた頃、同じ部署で働いていた人から、「おかちゃん、一つ短期のバイトあるんやけどせぇへん？」と言われ、とくに忙しいわけでもなかったので、言われるがままに新しいバイト先を訪れた。そこは東京大学名誉教授という肩書きを持つ先生の仕事場だった。オフィス中に散らばった書籍の整理が僕の仕事だった。

その元東大の先生は清水博といい、生命科学を専門としていた。その道では大家なのだそうだが、僕には「お茶とお菓子が好きな優しいおじいさん」といった存在だった。アルバイトが終わった後も、「たまにはお茶でも飲みにきてくださいね」と優しく声をかけてくれた。

その言葉に甘えて、よくお茶を飲みにいった。清水先生のオフィスは時間の流れが速くもなく、遅くもなく、適度に感じられる場所で、居心地がよかった。写真が大好きなようで、聞くと、日本のカメラメーカーにレンズの開発などでも協力しているという。オフィスには古いカメラが所せましと置かれ、中古カメラ屋顔負けの掘り出し物が揃っていた。清水先生は僕の写真を見ては、「存在」や「場」といった言葉を口にされていて、とても印象深かった。

ある日、僕が「写真もなかなか見てもらえないし、日本にいると所在なさを感じるばかりです」と言うと、

「岡原くん、自分にとって大切なことは、人目にさらして育てないとダメですよ。最初は山が小さければバカにされるでしょうけど、がんばっていればその山は少しずつでも大きくなりますから。そしたらきっと共感してくれる人も、応援して

くれる人も増えていきますから」

と言ってくれた。

清水先生のそんな言葉はなぜか僕を安心させてくれた。僕の写真を楽しみにしてくれている初めてのファンらしいファンでもあったと思っている。

その後、僕は清水先生のオフィスではなく、南米コロンビアに通うようになった。犯罪者と呼ばれる人たちが、僕の目には興味深く映った。なぜ人を殺すのか、なぜ麻薬に手を出すのか、なぜ密入国するのか。答えは単純なものだった。いっしょに寝泊まりした殺し屋は、力を持てば人から恐れられ、組織の中で認められる存在になれると思っていた。麻薬の売人たちは、日銭を稼ぐ仕事がほしかった。不法移民たちは、暴力や貧困から逃れ、安心できる場所に行きたかった。誰もが、物理的・精神的な拠り所を求めていた。

二〇〇四年、日本で何かを取材したいと考えていた。しかしアイディアは浮かぶものの、自分の中で撮る理由が見つからなかった。なぜ自分はそれを撮りたいのか、なぜそれは自分にとって大切なのか。そこに直感的な理由が見つからなければ、僕は撮ることができない。そんな頃に出会った「かおり」の一言が、心に残った。

「居場所がない」

僕の中ではっきりしていなかったものが、すべてこの一言に集約されていると思った。僕が感じていた所在なさも、僕が今まで撮りたいと思ってきたこともこれだったのだと、初めて言葉として自分の中に落ちてきた。かおりが放ったこの言葉は、僕に撮る動機を与えた。僕は居場所について撮りたい。

そして「居場所がない」かおりの苦しみの先にあるのが、自傷という行為だった。

「居場所がない」の一言は、自傷だけではなく、現代の日本を表すキーワードであるとも感じた。しかし、実際に取材を進めるにつれ、この言葉と自傷がさらに強く結びついていった。うつやパニック障害のため、まともに働くことができない状態に自らの価値を認識することができず、自分は役に立たない存在と思いこんでしまう彼女たち。「価値がない(と思い込んでいる)自分」を傷つけることで、自らの存在を肯定しようとする。しかし、その傷を見ては「してはいけないことをしてしまった」と自己嫌悪に陥ってしまう。自己否定をする自傷という行為が、自らの存在を証明する手段となってしまう悪循環。そんな出口の見えない世界で、彼女たちが自らの居場所を感じることは難しい。

実際に取材を始めるまでには時間がかかった。最後まで取材をすることができるのか。途中で難しくなり、投げ出すことにならないか。傷を負った人たちに「あなたたちのことを知りたい」と言いに行くのだ。もし途中で終わってしまったら、協力してくれた人たちの時間も労力も無駄になってしまう。

それに正直、日本で取材するのが怖かった。住んでいる場所で取材をするということは、自らの生活に直接関わってくる。結局、決心するまでに数カ月かかってしまった。

決心したものの、取材を始めた当初は、彼女たちとどう向き合っていいのか分からなかった。彼女たちの体に残った傷は痛々しく、その体験もまた辛いものばかりだった。しかし、腫れ物に触れるような態度で接することはしたくないとも思っていた。それは写真を撮ることにも影響した。どのように彼女たちを撮ればよいのか迷っていた。

しかし、いっしょにすごす時間が増えるにつれ、彼女たちは友達のような存在へと変わっていった。自然にその場にいられるようになり、それは写真の撮り方にも影響を与えた。傷などの証拠写真のようなものでなく、彼女たちの存在をいかに写すか。そこに集中できるようになっていった。

上から見下ろして、「ほら見ろ、こんなことが起こっているんだ」というような態度で写真を撮ることだけは、写真家として絶対にしたくなかった。

彼女たちと一〇〇%同じ風景を見られないことは最初から分かっていた。いくら本人の感情を理解しようとしたところで、結局僕は他人でしかない。彼女たちは取材を通して特別な存在になっていったが、人生のすべてを彼女たちとの取材に費やせるわけでもない。僕は次の取材に向かい、別の人たちとも関わっていく。彼女たちもさらに人生を重ね、僕とすごした時間は過去のものになっていく。お互いにとって、通過点にしかなりえないことは、取材を始める前に彼女たちにも正直に話していた。ただ、それでもできるだけ寄り添うようにしていたかった。

そうでなければ僕は写真を撮ることができないし、見る人に伝わる写真にはならない。

付き合いが長くなるにつれ、彼女たちも変わっていった。気楽に話をしてくれるようになり、壁がなくなっていくのを感じた。電話をかけても、取材のためと身構えることがなくなっていった。僕が日本にいないときには、電話やメールで気づかってくれたりもした。きっと彼女らと話したことの半分以上は、自傷に直接関係のないことだったと思う。それだけ自然な関係になっていった。

自傷そのものについては、それが彼女たちの経験の結果として起きた行為であることがよく分かった。とはいえ、ここで自傷論を並べても何の意味もないだろうと思う。ただ、彼女たち自身も言うように、自傷は止められるなら止めたほうがよい。自傷行為は単純に本人にとって辛く苦しく、それは決して美化できるものではない。当初、取材を受けることで自分自身を見つめ直したい、と言ってくれた人もいたが、写真が彼女たちの状況に良い影響を与えたかというと、「分からない」というのが正直なところだ。

いちばん長い付き合いになった木部ちゃんは、この三年の間に結婚し、母親になった。最近になって、多重人格に悩まされるようになってしまったが、二歳になる娘と夫とともに、なんとか病気を乗り越えようと毎日をすごしている。

ゆかはそろそろ就職活動が始まるらしいが、「周りの学生みたいに焦ってないんですが、むしろ焦らなすぎて大丈夫かなと思ってきました。どうしましょう！　はははは！」と、話の内容とは裏腹にのんびりとした声で笑っていた。今となっては病気だったことが嘘のように元気だ。

凪ちゃんは最近新しい仕事も見つかり、うつや自傷行為がおさまっているので休むことなく働けているという。喫茶店でコーヒーをすすりながら血色の良い顔で話してくれた。

さゆりはここ三カ月ほど音信不通になっていたが、携帯電話が止まっているのだと彼女の妹がメールをくれた。調子はあまり良くないが、アパレル店舗での仕事が見つかった。「そのメーカーの服を着ないといけないんだけど、ちょっと格好悪いんだよね……」わりと派手なファッションが好きなさゆりには、ジーパンにスウェット姿の職場の服装はモノ足りないようだ。

ミリはなんとか看護学校の一年目を終えたが、今は実家に戻って療養している。調子がすぐれないようで、看護学校は終えたいが、今の状態で復学できるかわからないという。

取材を始めるきっかけになったかおりからは、つい先日結婚したと知らせがあった。完全に調子が良くなったわけではなさそうだが、葉書の裏には、東京を離れたときとは違った表情のかおりが、夫といっしょに写っていた。

実際に会ったが、諸々の事情で取材をできなかった人たちも多い。メールをもらったが、その後は音信不通になってしまった人もいる。彼らもきっといろいろなストーリーを抱えているのだろう。なお、本文中では、彼女たちの意向により、実名を使う許可を得た人以外は仮名にした。

取材中、落ち込むことも多々あった。とはいえ、取材を始める前に不安に感じていたような、「途中で止めたいと思ってしまう」ことは不思議となかった。それはたぶん、彼女らの取材そのものが、僕という写真家にとっての居場所になっていたからだと思う。

いっしょにご飯を食べ、たまに酒を飲み、病院に行き、僕が些細なことで落ち込んでいるときには、逆に話を聞いてもらってしまった。何より、僕が家に上がり込むのを許してくれた彼女たちとその家族には心から感謝したい。自ら取材対象として名乗りをあげてくれた彼女らが手をあげてくれたとはいえ、心ない誹謗や中傷がないとは言いきれない。それでも彼女らが手をあげてくれたのは、存在を否定されるような経験をしながらも、自らの存在を表現したいという欲求の現れだったのかもしれない。

状況は違えど、突然の疎外感に襲われたり、居場所がないと感じたことのある日本人は少なくないのではないだろうか。人が傷つく、人を傷つける。始まりは些細な感情でしかないと思う。誰もそれが重大な結果を招くと最初は気づかない。だからこそ、人間関係や家族、社会のなかでの居場所。そんな些細なことの大切さを少しでも誰かと共有できたら嬉しい。

●追記

最初にこの本文を綴ったのは二〇〇九年のことだった。今でも懇意にさせていただいている集英社インターナショナルの高田功編集長から、

「それだけ取材しているのであれば、書けることも沢山あると思うのですが、書いてみてはどうですか?」

と勧められたのがきっかけだった。文筆は本業ではなかったが、写真とは違った形で彼女たちのストーリーを伝えられるような気がして筆を執った。

ちょうど、集英社が行っている開高健ノンフィクション賞があり、それを受賞すれば本を出せるということも執筆を後押しした。賞をもらって、無理やり写真集と文章の両方を本にしてもらえないかと勝手に考えていた。

しかし、結果的にその計画は儚く散った。最終候補に残ったとき、取材させてくれた彼女たちに「もしかしたら出版できるかもしれない」と連絡していたので、出版できないと知ったときは自分もがっかりしたし、期待させてしまった彼女た

ちにも申し訳ない気持ちでいっぱいになった。

その後、高田編集長がなんとかこの作品を本にしたいと社内で推してくれたようだ。出版社内の事情は僕には分からないが、最初に編集に携わってくれた人がそこまでがんばってくれたということが本当にありがたく、そんな人がいるという事実が、より僕を諦めの悪い人間にした。

ドキュメンタリー写真というのは、「売れない」という理由で、基本的に世界中で敬遠されている。作家が出版社に相当額を支払って出してもらうか、出版賞でもとらないかぎり、なかなか出版されることはない。

そう思って、賞にもいろいろと応募した。ユージン・スミス賞は2位だったが、これは出版賞ではなく、出版社が興味を示してくれることはなかった。次に、ヨーロピアン・パブリッシャーズ・アワードというものにも応募した。受賞すると、ヨーロッパ五カ国で出版されるという大きな賞だが、これもファイナリストどまりで出版には至らなかった。

そんな失敗が続いた二〇一四年、もうこれは自費出版するのがいいのではないか、と考えはじめた。昨今はインターネット上で販売すれば、それなりの数の人たちに作品を届けることができる。本屋で本が売れないと言われる時代、よりピンポイントで興味のある人たちに届けるのも良い方法かもしれない。ほかの作品でそのようにしたものはあったし、ノウハウもある。ただ、それは違う気がした。すでに本の原型を作ってから六年が経ち、この写真と文章をただ出版するということに必然性を見いだせなくなっていた。

ある日、写真と文章を読み返していて、いったいこれは誰のためにやっているのだろうかと考えた。そして被写体になってくれた彼女たちの多くが「写真を撮られることで自分を見つめ直したい」と言ってくれていたことを思いだした。さゆりが電話越しに言った「自分のことを大切にしなさいっていろいろな人に何度も言われたけど、どうしたらそう思えるのかわからない」という言葉も頭の中に蘇ってきた。彼女たちは、自分自身を受け入れることができずに苦しんでいた。

傷ついた自尊心を取り戻すのは簡単なことではない。でも、もし誰かほかの人が、「彼女たちの存在を認識している」と、「彼女たちが知る」ことができたら。

「彼女たちが自尊心を回復させる過程で何か意味のあるものを作れないだろうか」
おこがましくも、そんなことを考えはじめた。

撮影させてもらった彼女たちの中には、二〇一四年当時すでに自傷行為から抜け出し、元気に生活していた人もいるが、抜け出すにはもう少し時間のかかりそうな人もいた。もしかしたら、少し〝上から目線〟に聞こえるかもしれないけれど、彼女たちに
「あなたは大切な存在ですよ」
と感じてもらうことができたら。そう考えて、彼女たちのための本を自分の手で作ることにした。

彼女たちの人数分、六冊の手製本を作った。最終的に彼女たちに渡すためだ。本の半分は白紙にし、本を借りたいという人たちに無償で貸し出した。借りた人には、彼女たちに何かメッセージを残してほしいとお願いした。文字を書いてくれた人もいれば、絵を描いてくれた人、写真を貼り付けてくれた人、刺繍をしてく

れた人など、文字通り世界中の人たちがそれぞれの方法で彼女たちに、メッセージを残してくれた。三年間に、北米、南米、アジア、ヨーロッパ、オーストラリア、アフリカと、南極以外のすべての大陸を本たちは巡った。

この貸本そのものは彼女たちに渡す目的のために始めたが、彼女たちに寄せられたメッセージも一緒に出版できたら、同じような境遇にいる人たちにも何か伝えられるのではないか、と考えるようになった。

彼女たちのストーリーだけではなく、それを見た人たちのメッセージも含めることによって、彼女たちを取り巻く社会も一緒に表現できるかもしれないと考えた。凪ちゃんが言ったように「自傷をしているとわかると、友達が離れていった」ということも事実であるけれど、逆に彼女たちを気遣う人たちもいるということがこの本を通して分かれば、社会の中に存在する「いたわり」のようなものも表現できるかもしれない、そう思った。

貸本を始めて二年経った二〇一六年、たまたまこの原稿を工作舎の葛生さんと田辺さんに読んでいただく機会があった。すでにお蔵入りしそうな状態だったので、

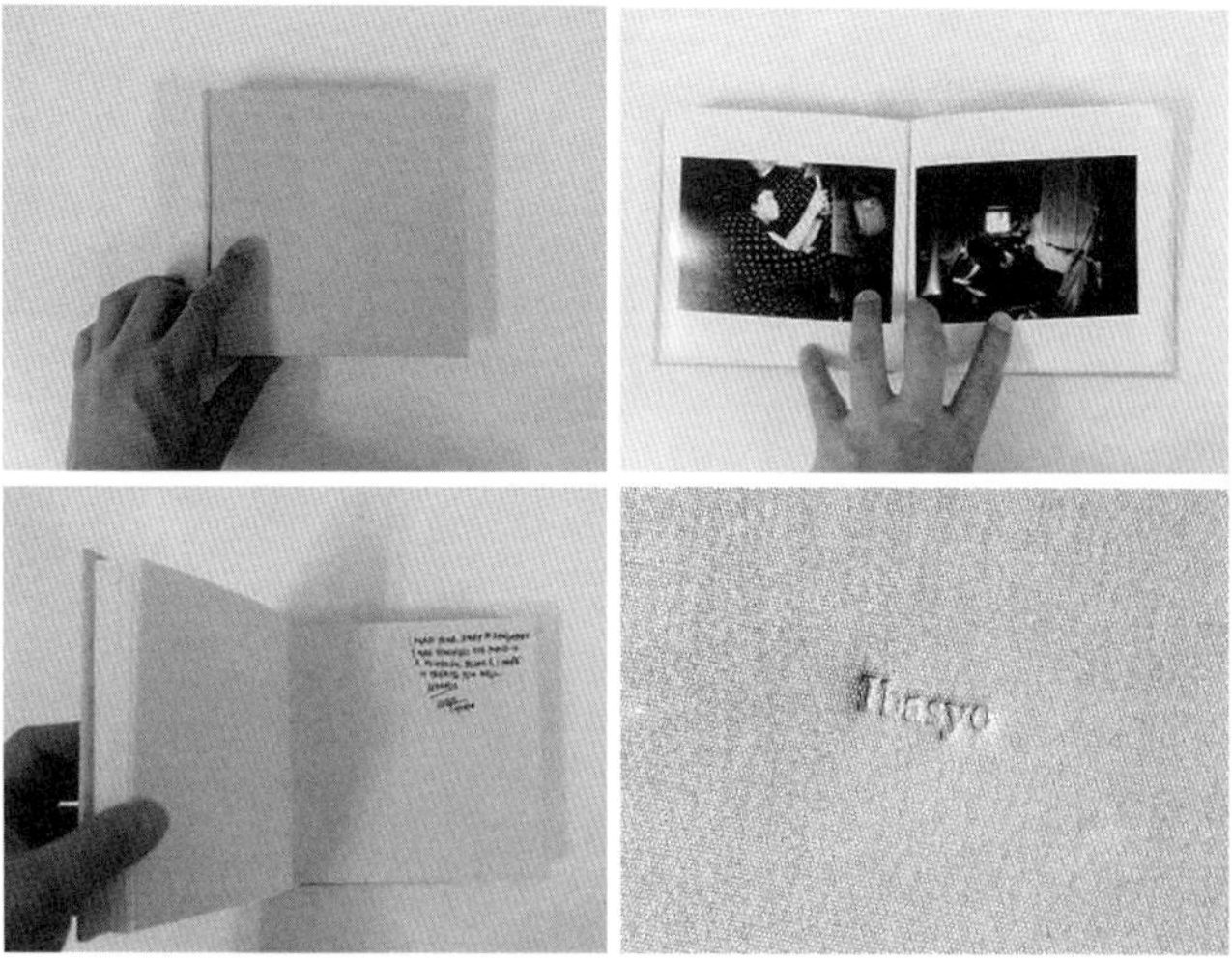

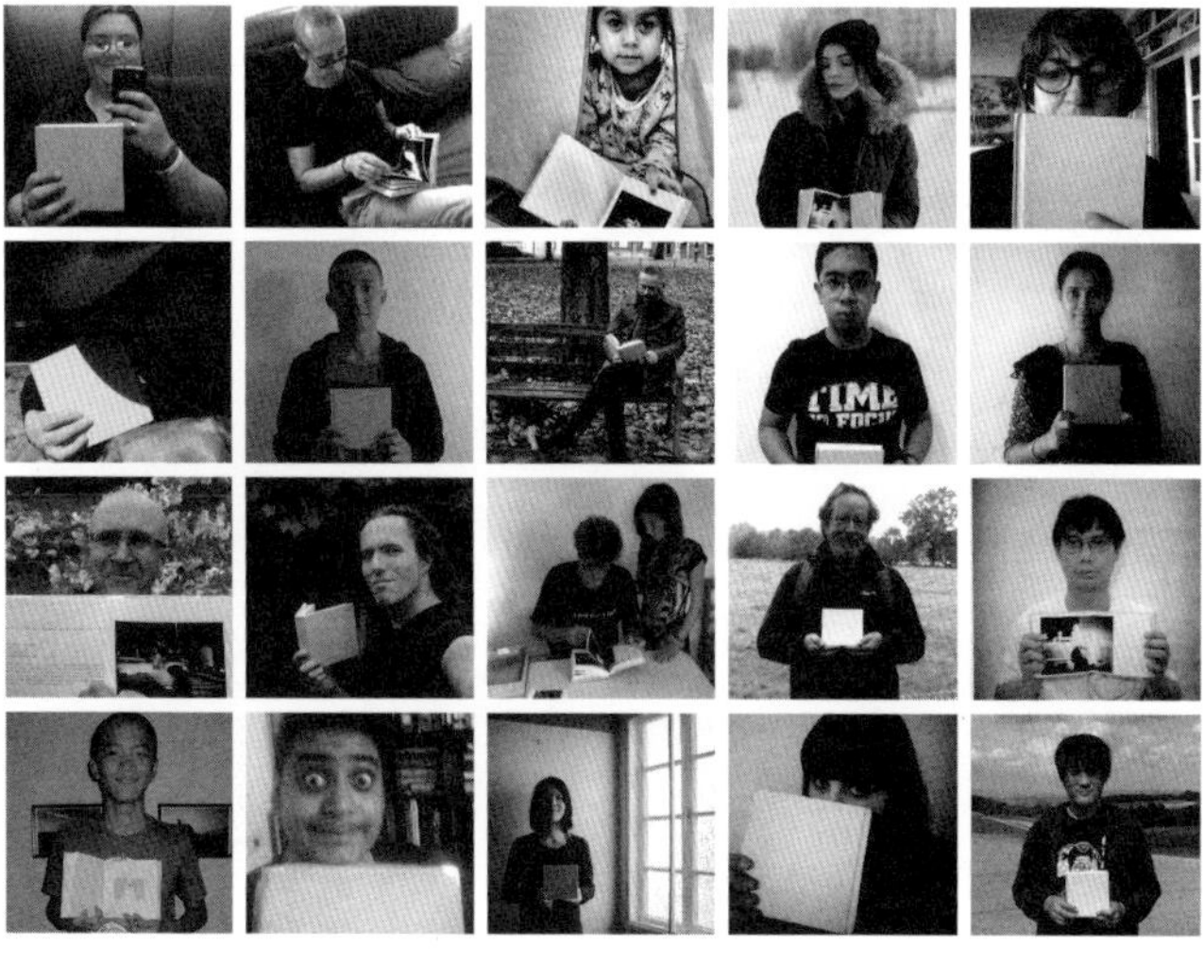

会う人会う人に「お時間があったら読んでください」と渡していた。

一カ月ほどして、葛生さんから「編集会議にかけたら好意的な反応が多く出まして、刊行に向けて前向きに進めていこう、と決まりました」とご連絡を頂いた。

原稿を売り込もうと思って渡したわけではなかったので、今まで拒まれてきたこの本の企画が通ったと聞き、正直戸惑った。と同時に、「絶対に本にするから」と彼女たちに言い続けて早十二年、ようやく形にできることになり嬉しかった。貸本も順調に進み、今なら出版する必然性を自分の中に見出すことができる。

このプロジェクトを始めてから、すでに十三年が経った。文章を書いてからも七年以上が経ってしまった。その間に彼女たちの生活も変わった。

●木部ちゃん

調子がよくなっていたとはいえ、木部ちゃんは三年前まで自傷をやめられなかった。子どもを生んでからまた調子を崩してしまい、一進一退を繰り返していた。

二〇一〇年には次女も生まれた。結婚前より調子はよくなっていたが、「先が見えない」状態に変わりはなかったという。

死にたいという気持ちはあったが、それに従えば子どもが母親を失うことになる。「子どもたちのために死んではだめ」という気持ちと「私なんかいないほうが子どもたちにとって平和なのではないか」という気持ちの間で板挟みになって苦しんでいた。ただ、そんな中でも夫が常に支えてくれた。

「離婚されてもおかしくなかったと思うんだ」

結婚して実家を離れ、群馬から埼玉に移り住んだ。自分の父とは違い、夫や夫の母親は、見返りなど求めずに木部ちゃんを気遣ってくれた。見返りを求められることを普通だと思って育った木部ちゃんは、その新しい価値観に馴染むことがなかなかできなかった。

「呪われていたのかなって思うよ。その呪いみたいのが解けそうで解けない状態が二年前まで続いたのかもね。今までと違う価値観にびっくりしてたんだ。それをようやく受け入れられたんだと思う。普通の人ってこういう感じで生きてるのかなって」

最後に自傷をしたのは二〇一四年の春頃。いつものように、意味のない絶望に襲われ、家族の目を盗んで切った。傷が深すぎて大量出血し、病院に運ばれた。子どもたちは直接その姿を見ていないが、血を掃除しているところを見たのではないか、と言う。

ただ、それから急激に調子が良くなった。切りたいとも思わなくなった。「こんなんじゃいやだ」という気持ちが大きくなった。二〇一五年になると、もう病院に行かなくてもいいんじゃないか、と思えるようになってきた。そして徐々に気分が安定していった。

同じ頃、木部ちゃんの父親の身体に癌が見つかった。検査で判明し、入院。三カ月後には亡くなった。

「早かったよ。ほんと、あっという間。多臓器不全で眠るように死んでいったよ。それからかな、本当に病気が治ったと思えたのは」

父親の癌が分かったあと、長女の顔を見せにいった。

「父がね、死ぬ直前にわたしの手を握ってくれたんだ。そんなの、子どものころ以来だったのね。それがすごい印象深いんだ。父とは大変だったし、完全には無理かもしれないけど、最後に許せた部分があったんだと思う」

木部ちゃんの心が落ち着いてきていたころにそれは重なった。本人は、父親が罪滅ぼしに木部ちゃんの病気も一緒に持っていってくれたのかもしれない、と言う。それから木部ちゃんの病気は本当に治った。気づくと、いつもどこかにあった「死にたい」という気持ちが自分の中から無くなっていた。

「普通の人は死にたいって思わないでしょ？　自分は違うからなんでだろうってずっと思ってたんだ。でも二年前くらいから気持ちが変わってきたんだ。子どもの成長を見られなくなるのも嫌だし、一緒にいたいって。だから死にたくないって。子どもや家族のために死ぬならいいけど、無駄に死ぬのは嫌だって。そしたら身体のしんどさもなくなって、あ、これがもしかして普通なの？って。こんな感覚初めてで、なんかすごく楽になった」

今年から小学生になった長女には、腕の傷のことを聞かれた。少し前までは、動物にひっかかれた、などと言っていたが、もうごまかせる歳でもないので話したという。

「ちゃんと話したのは一年前くらいかな。自分がもう大丈夫って思えたのもあってね。お母さんの身体に傷がついているのは、病気だったからよって」

木部ちゃんが見るかぎり、長女は母親が病気だったことを理解しているようだ。ただ、「死にたくて切る」のと、「生きるため（気分を安定させるため）に切る」の違いはまだ分からないのではないかという。それは成長をみて、徐々に話そうと思っている。

●ゆか

ゆかは、復学してから順調に大学の単位を取り、二年半後に卒業した。当時のことはあまりはっきりと覚えていないが、お守り代わりに持っていたという薬も復学してからしばらくして持たなくなったという。

二〇一〇年の春に就職して、職場の先輩と翌年冬に結婚し、二人の子どもに恵

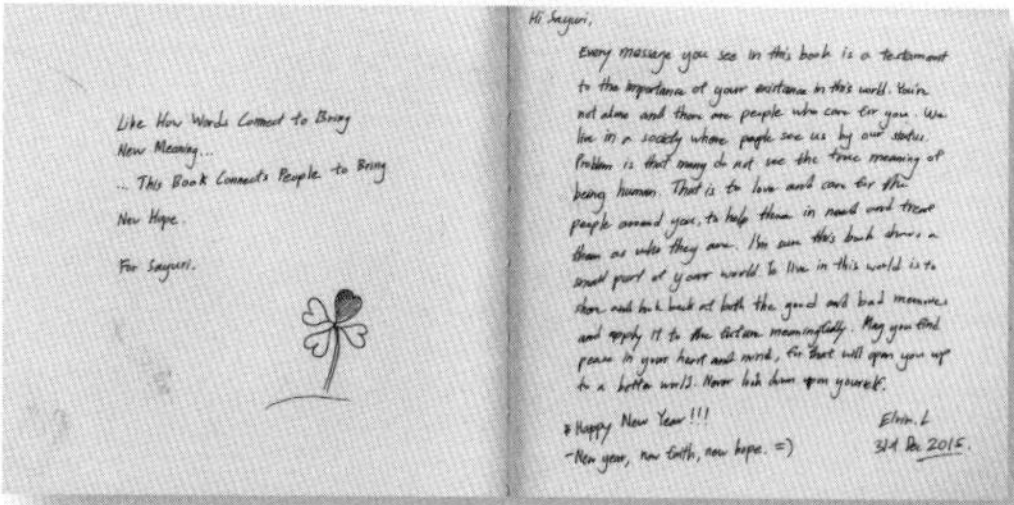
Like How Words Connect to Bring
New Meaning...
... This Book Connects People to Bring
New Hope.
For Sayuri.
Hi Sayuri,
Every message you see in this book is a testament to the importance of your existance in this world. You're not alone and there are people who care for you.
Happy New Year!!!
-New year, new faith, new hope. =)
Elvin. L
31st Dec 2015.

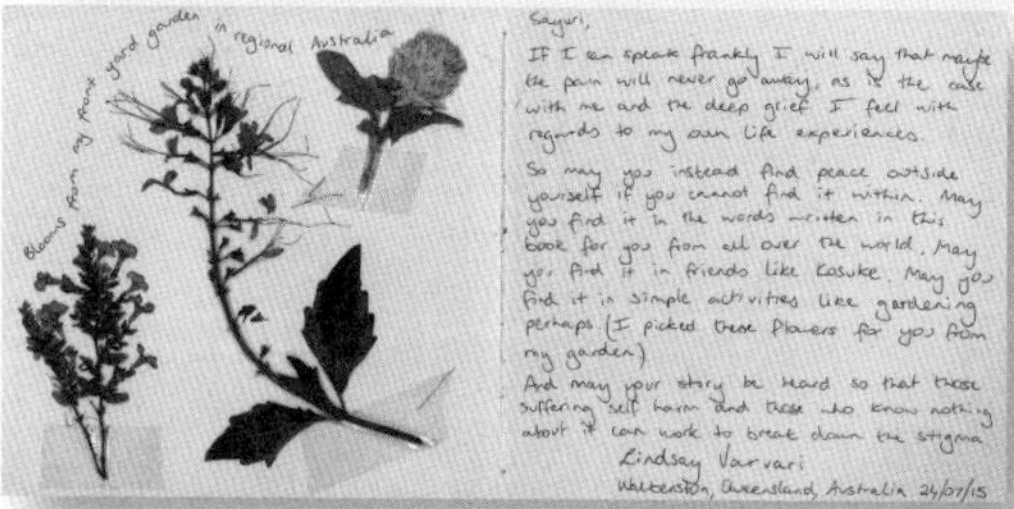
Blooms from my front yard garden in regional Australia
Sayuri,
If I can speak frankly I will say that maybe the pain will never go away, as is the case with me and the deep grief I feel with regards to my own life experiences.
So may you instead find peace outside yourself if you cannot find it within. May you find it in the words written in this book for you from all over the world. May you find it in friends like Kosuke. May you find it in simple activities like gardening perhaps (I picked these flowers for you from my garden)
And may your story be heard so that those suffering self harm and those who know nothing about it can work to break down the stigma.
Lindsay Varvari
Walkerston, Queensland, Australia 24/07/15

3RD OCTOBER 2016
Dear Miri,
You aren't alone!
You are in our thoughts

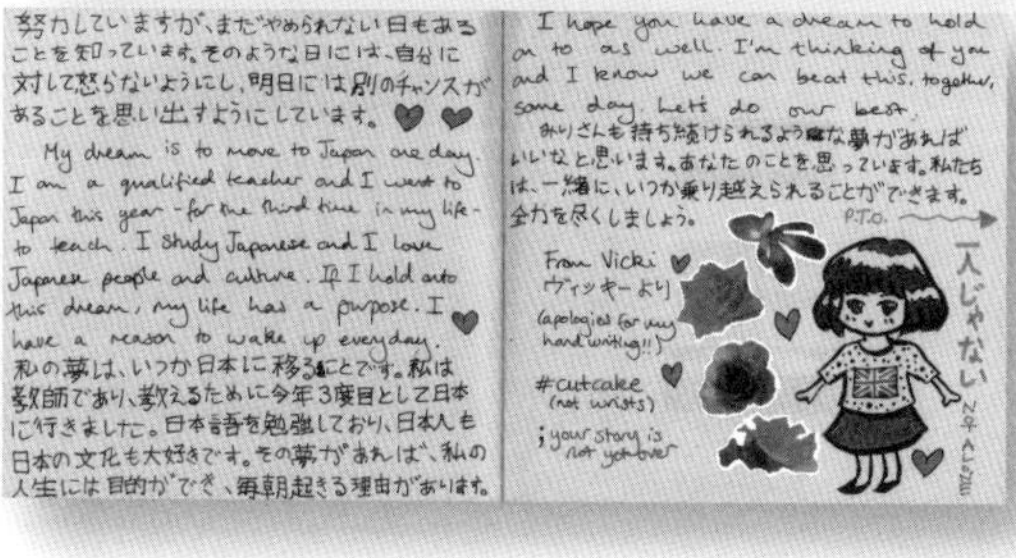
努力していますが、まだやめられない日もあることを知っています。そのような日には、自分に対して怒らないようにし、明日には別のチャンスがあることを思い出すようにしています。
My dream is to move to Japan one day. I am a qualified teacher and I went to Japan this year - for the third time in my life - to teach. I study Japanese and I love Japanese people and culture. If I hold onto this dream, my life has a purpose. I have a reason to wake up everyday.
私の夢は、いつか日本に移ることです。私は教師であり、教えるために今年3度目として日本に行きました。日本語を勉強しており、日本人も日本の文化も大好きです。その夢があれば、私の人生には目的ができ、毎朝起きる理由があります。
I hope you have a dream to hold on to as well. I'm thinking of you and I know we can beat this, together, some day. Let's do our best.
みりさんも持ち続けられるような夢があればいいなと思います。あなたのことを思っています。私たちは、一緒に、いつか乗り越えられることができます。全力を尽くしましょう。
P.T.O.
From Vicki
ヴィッキーより
(apologies for my handwriting!!)
#cutcake
(not wrists)
; your story is not yet over
一人じゃない

まれた。とくに不安定な様子もなく元気そうだ。

最近の大きな変化といえば、春の異動で夫が突然長野に転勤になり、単身赴任になってしまったことだ。ゆかも仕事があるので今は子どもたちと三人で暮らしている。三年で戻ってくる予定だが、子どもたちの面倒を一人でみないといけないので忙しそうだ。

朝七時頃に家を出て子どもたちを保育園に送り、電車に乗って会社に行く。最近まで職場の近くに住んでいたが、ゆかも異動になり、新しい職場までは一時間。話を聞いていると、バリバリ働いてキャリアも築いているシングルマザーのようでもある。


ゆかに当時のことを聞くと、あまり覚えていないという。

「自分の中では、あまりはっきりと覚えておかなくてもいいと思っているんだと思います。全部忘れたいと言えば忘れたくて、自分の記憶から消してきたような、上書き保存みたいな感じですかね。恋愛とかも、女性は上書き保存するって言うじゃないですか、そんな感じかな。思い出そうと思うこともないし、本当に覚えてないっていうのが本心です。消したい記憶なのかな……」

ゆかと話すと、当時も今も同じ人であることは分かる。もう少し詳しく聞きたかったが、たぶん本当に上書き保存されてしまったんだろう。そんなふうに感じた。それ以上聞いて、万が一何か悪い影響があったら、と思って話題を変えた。今こうして幸せそうなのが一番いいと思う。

子どもができてからは旅行もなかなか行けず、大好きだった竹富島にも長らく行っていない。ただ、夏には旅行でほかの島に家族で出かけるのだ、と楽しそうに話してくれた。

当時通っていたゆかの部屋に、泡盛の瓶がいつも置いてあったのを思い出して懐かしくなった。

「あーありましたねー。よく飲んでたなぁ。アハハハハ」

出会った当時から変わらない笑い声が聞こえてきた。

●凪ちゃん

凪ちゃんは、二〇一〇年頃からは落ち着いてきて、今はもう病院に通う必要もなくなった。その頃入った会社で今でも働いている。入社当初は続けられるかわからなかったが、調子が悪くて休むこともないそうだ。最初は短期の派遣で入ったが、今では直接会社から雇用されて長期契約で働いている。

「ストレスなんて皆感じるものだと思いますし、仕方ないなと思って横に置いておける心持ちになってきたとでもいうんでしょうか。そう思えるようになってからはずいぶんと楽になりました。まぁ本当にだめだったら、逃げるしかないですけどね」

仕事はクレジットカード会社での事務で、すでに七年目に入った。毎月同じ仕事を〆切に向けて必死にやる、機械的な作業だという。今の会社は「とにかく生活のために働かないと」と思って入ったという。何年も働けるとは思っていなかったが、徐々に調子が上向いていった。

「走り続けられる〝心の体力〟とでもいうんでしょうかね。そういう一定のラインを超えたというか、体力がついたんだと思います」

働きはじめてしばらくすると、ベテラン二人が辞めたばかりの三人の部署に新人とともに回された。あまりに忙しく、がむしゃらに働いて、気づいたら一年経っていた。今は違う部署にいるが、同じように忙しい。

「毎日ヘトヘトです。ストレスも溜まるんですけど、だってこんなに忙しいんですもんって思えるようになったのが、以前とは違うところでしょうか」

以前は、ストレスが溜まるのは自分のせい、自分の能力に問題があるから、と思っていた。常に自己否定が先だった。皆はできるのになぜ自分はできないのか、そう思っていた。でも仕事を続けていると、ほかの人より仕事をこなしている自分がいることも分かった。

「繁忙期の仕事のピークとかやばいですけど、そもそも自分たちの処理できる量を越えて仕事があるんですよ。それで私が自分を責めるのもなんだか違うというか」

三三歳になる凪ちゃんに、周りで結婚した人たちは、なぜ独り身でいるのかと聞いてきたりもする。

「無意識に男性を避けているのかもしれないですけど、本当はどうか自分でもわかりません。男友達はいたし、距離を詰めてこようとする人もいましたけど、そういう空気になると逃げてしまいます。嫌悪感みたいなものでしょうか」

自分の精神的プライベートに踏み込んでくるのが嫌なのか、男性だから嫌なのか、それは分からないという。

「私は自分一人の世話をするので精一杯なんです。だから私には誰かと一緒にいる自分とか、ぜんぜん想像できないんです」

女友達はその辺が楽だという。踏み込んではいけないラインを分かってくれる。

「結婚した妹からも、そろそろ誰か見つければと言われるけれど、とりあえず今は自分の面倒を見ながら、自分のために時間を使っていきたいんです」

実家から逃げ出したときは、とにかく出ていくことに必死だった、そして東京に来てからは精神を病んだ。今は仕事にも毎日行けるようになり、好きなことをする経済的な余裕も出てきた。だから今は自分の時間を楽しみたいのだという。

結局離婚しなかった両親は、今も福岡で暮らしている。父親は日雇いのアルバイトをして、母親は家にいる生活が続いている。

母親からはたまにお金が足りないと連絡がくるので、仕方なく送金している。連絡はすべてメールだ。電話で話すことはもうない。

「昨年の夏に、エアコンが壊れたけど頑張って生きてますっていうメールが届いたんです。仕方ないのでエアコン注文して送りましたよ」

そんな凪ちゃんの生活は安定している。代わり映えはしないが、気がつくとまた一年が経っている。大きな病気もせず、仕事も続けられて定期収入がある。毎日ごはんを食べて過ごすことができる。「不幸でないので良かったな」、そう思うのだという。

何事も自己否定から入り、人に何も言えなかった以前と比べると、仕事場でも言いたいことも言えるようになってきた。おかげで帰宅途中の電車の中で仕事のモヤモヤを抱えなくてもよくなったし、パニック発作を起こすこともなくなった。

「こうして人に話すと、自分でも気づいてなかったことが結構出てくるものですね。振り返るって結構大事なのかもしれませんね」

●さゆり

さゆりは二〇一一年に結婚し、間もなく女の子を出産した。夫は親友が以前働いていた会社の社員で、最初は気乗りしなかったが会ってみたという。二年半ほど付き合い結婚を考えはじめた頃にちょうど妊娠していることが分かった。

「自分のお腹にもう一つの命があるって思ったら怖かったよ。そもそも子どもが好きなわけではないし、子育てとか大丈夫かなって不安もあったしな」

妊娠中、不安やストレスはあったものの、医師には妊娠中でも服用できる薬を処方してもらっていたからか、そこまで不安定になることはなかった。

生まれてからは、ほかの事を考える余裕がないほどしんどかった。自分の娘だからかわいいが、夜泣きがあるのであまり眠れず、意思の疎通もできないので不安

Hey miri,
I hope this book finds you in a better place.
Don't worry about other people's advice, you will find your own way through just like I'm trying to find mine. And don't worry - you're [redacted] not crazy!!
it's just that the world we live in is a crazy place that makes it hard to be human.
with love and best wishes Neil
To miri

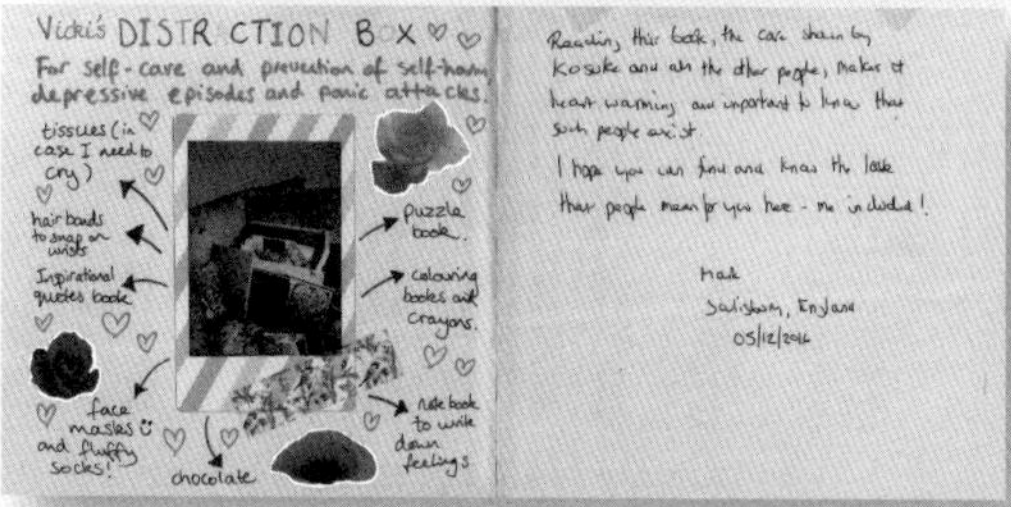
Vicki's DISTRACTION BOX
For self-care and prevention of self-harm, depressive episodes and panic attacks.
tissues (in case I need to cry)
hair bands to snap on wrists
Inspirational quotes book
face masks and fluffy socks!
chocolate
puzzle book
colouring books and crayons
note book to write down feelings
Reading this book, the care shown by Kosuke and all the other people, makes it heart warming and important to know that such people exist.
I hope you can find and know the love that people mean for you here - me included!
Hal
Salisbury, England
05/12/2016

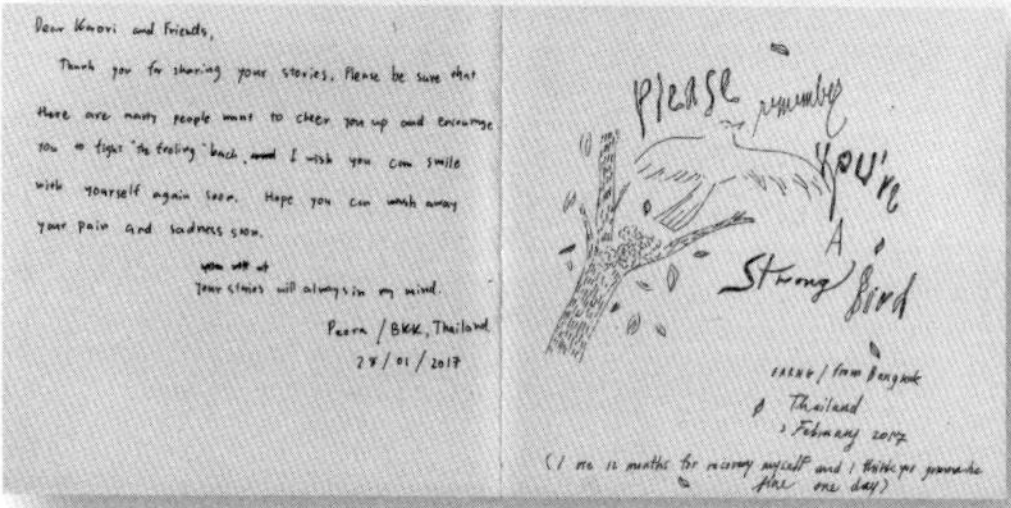
Dear Hiromi and Friends,
Thank you for sharing your stories. Please be sure that there are many people want to cheer you up and encourage you to fight "the feeling" back, and I wish you can smile with yourself again soon. Hope you can wash away your pain and sadness soon.
Your stories will always in my mind.
Peera / BKK, Thailand
28/01/2017
Please remember you're A Strong Bird
Thailand
February 2017

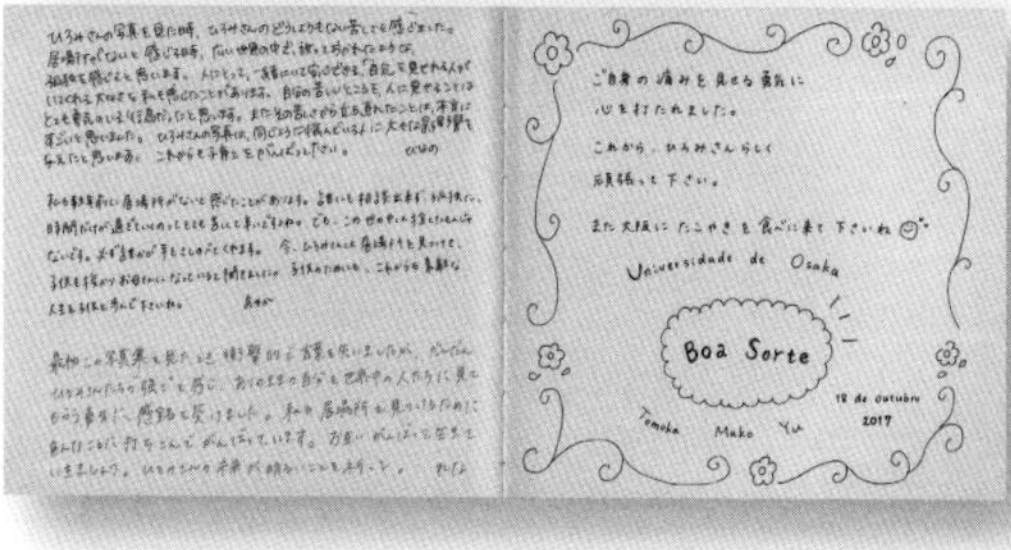
ご自身の痛みを見せる勇気に
心をうたれました。
これから、ひろみさんらしく
頑張って下さい。
また大阪にたこやきを食べに来て下さいね
Universidade de Osaka
Boa Sorte
18 de outubro 2017
Tomoka Mako Yu

が大きくなる。ただ、子育てだけは責任を持ってやろうと思っていた。たとえ大変でも、自分で育てたかった。

「子育てにおいてできないことはあるし、自分は自分のできる方法でやればいいって思うようにしてた」

子どもができてからは薬を飲むのをやめた。

「実際はやめたっていうよりは、子育てが大変で病院に行く余裕がなくなったんよ。夜泣きがあるから夜眠れないし、疲れてても一緒におらんといけんし、赤ちゃんのリズムで生活しないといけないからなぁ。最初は私もパニックとか過呼吸とかまだあったんだけど、それも徐々になくなってきてな」

娘の成長とともに夜泣きもおさまり、さゆりも夜眠れるようになった。

「昔は不眠症で眠りたくても眠れんかったのに、赤ちゃんのおかげかな。今じゃ夜ゆっくり眠れることがほんとありがたいというか。それでもうちの娘は夜泣きが少ないほうだったらしいけど」

結婚前に働いていた洋服店での仕事を今も続けている。結婚直後に夫の転勤で一度辞めたが、三年後に戻ってきたとき、店長が仕事を探しているなら、と誘ってくれたという。朝、職場に向かう前、実家に子どもを預けるので、両親には毎日会っている。仕事が終わると子どもを引きとり、三〇分かけて車で自宅に戻る。話を聞くかぎりは、病気とは無縁の生活をしているように感じられる。

「絶対というのはないと思うから、病気が治ったとは思えていないけどな。今やらないといけないのが子どもを育てるということだから、もし子どもがおらんかったら調子が悪くなってしまうのかな、と思うこともあるんよ。それでも毎日幸せだなと思うから、それでいいんじゃないかな」

調子が良いとか悪いとか、そういうことを考えずに生活できていることが、病気が治ったということなのかもしれない。以前ほどいろいろなことに対して悲観的にならなくなったそうだ。そして嫌なことは嫌だ、と自分の思っていることを口に出して言えるようになった。

「言わんでも伝わることは一つもないと思って常に生活してる。子どもにもきちんと伝わるように言っとるし、旦那にも言いたいことを言うようにはしてる。言わなかったら何も伝わらないから。結婚してからそれができるようになったかな」

ミリには二〇一二年に一度沖縄に会いに行った。すでに実家に戻って三年が経ったころだった。当時は福岡にいたときよりも調子がよくなかったようで、薬とお酒のせいで口調がはっきりしていなかったのを覚えている。

それから五年経った今、ミリはもう薬に頼る生活から抜け出していた。口調も今までと違っていて、その滑舌の良さにびっくりする。

「ポジティブな意味ではなくて、以前付き合っていた恋人のおかげかも、調子がよくなってきたのは。今はどうしても眠れないときに睡眠導入剤を飲むことはありますけど、リストカットもしてませんし、お酒も飲まなくなりました」

当時の恋人とはネット上のチャットで知り合って十カ月ほど付き合った。付き合ってみると、理不尽なことを言われはじめた。一緒にでかけても、食事代などを払うのは障害者年金をもらっていたミリの方だった。外食にでかけたとき、一緒に歩いていると突然「俺が怒るのはお前の外見に問題があるからだ」と前触れもなく怒り出した。付き合って半年ほど経った頃だった。それまでも理不尽なことを言われることはあったが、いつも自分を責めていた。何を言われても自分が悪いんだと思ってしまっていた。

そんな関係が続いたある日、彼が言った。

「俺は今日すごく気分がいいぞ！」

それを聞いたときにミリは「よかった。今日は怒られずに済む」と思った。しかしそんな自分の状況に疑問が湧いた。

「あれ、なんで私こんな感じ方しているの？　これってDVと何が違うの？　私ちょっとやばい状況にあるんじゃないの？　なんで私はこんな風に扱われないとならないの？」

それからミリは言い返すようになった。それまで考えもしないことを考えはじめている自分がいた。

「生まれて初めて、どういうことを言ったらこの人がより深く傷つくかなと考えて発言するようになりました。防衛本能のようなものだったのかもしれません。

でも、自分がどんどん嫌な人間になっていくのを感じたんです。この人と一緒にいたらもっと嫌な人間になってしまいそうで」

当時を振り返ると、処方量は減ってはいたものの、まだ薬を飲んでいないといけない状態で、調子が上向いていると実感していたわけではないという。

恋人と別れて二カ月ほど経って、コールセンターでの仕事を始めた。とにかく仕事をしたかった。もしうまく続けられなかったら仕方ない、そんなふうに開き直っていた。

仕事を始めると、少しずつ状態が安定してきた。劇的に何かが変わるということはなかったが、薬を飲むと仕事に差し支えるので徐々に減らしていった。アルコールも気づいたらほとんど飲まなくなっていた。酔っ払って朦朧として意識を失うことで、辛い精神状態のまま起きていることを回避する。そんな現実逃避をする必要がなくなってきた。幸いにも、仕事のストレスが自傷につながることもなかった。

「以前は、母親が仕事にでかけると、コンビニとかにお酒を買いに行っていました。

それで飲む。家にお酒があると母親に全部捨てられるから隠れて飲むんです。結局ばれて怒られるんですけど。とにかくそうしないと辛かった。今は友達と出かけたりすれば飲むけど、家では飲まなくなりました」

今の仕事はもう一年半続いている。

「私の場合は、働かないとダメだなと思いました。一日少しでもいいから。仕事じゃなくてボランティアとかでもいいのかもしれません。ただ何かに縛られていないと自分を律するのが難しいから、強制的に何かする状況を作り出さないとちゃんと生きていけないっていうか。見た目でキレイになって自信を持てる人もいるだろうけど、私にとっては社会で何か役割があるかどうかがすごく大きいみたいです」

福岡から沖縄に戻ってきて、働けるようになるまで六年かかった。福岡にいたころの医師は薬をたくさん出す人だったが、沖縄に戻ってきてからかかった医師は、無闇に薬で解決しようとせずに「こういうふうに考えてみればいいんじゃない？」と、考え方の練習を手助けしてくれる人だった。もちろんそれがすべて良かったかどうかは分からないが、調子が良くなった今となってみれば、それも良い方向に働いたのかもしれない。

「仕事はちょっとは理不尽なこともありますけど、何か文句を言われても、お金もらってるからって割り切れるようになりました。でも沖縄の物価ってそこまで安くないわりに時給は八〇〇円と激安。東京だとコールセンターのオペレーターとかって一五〇〇円とかもらえたりしますもんね。まあ、これが沖縄ですよー」

「割り切れる」。以前のミリからは聞くことがなかった台詞だ。そんな風に考えられるようになったのは復調した証なんだと思う。ただ確かに八〇〇円は安い。沖縄と東京の賃金格差に驚きを隠せない。

「最近はなんとか人並みにできているのかなと思います。ただまた身体を壊すのは嫌なので、無理せずに生活していければと思っています。ほかにやりたいこともあるので、次に会うときには違う仕事してるかもしれませんね」

「そう言えば……」と、ミリが少し恥ずかしそうに切り出した。

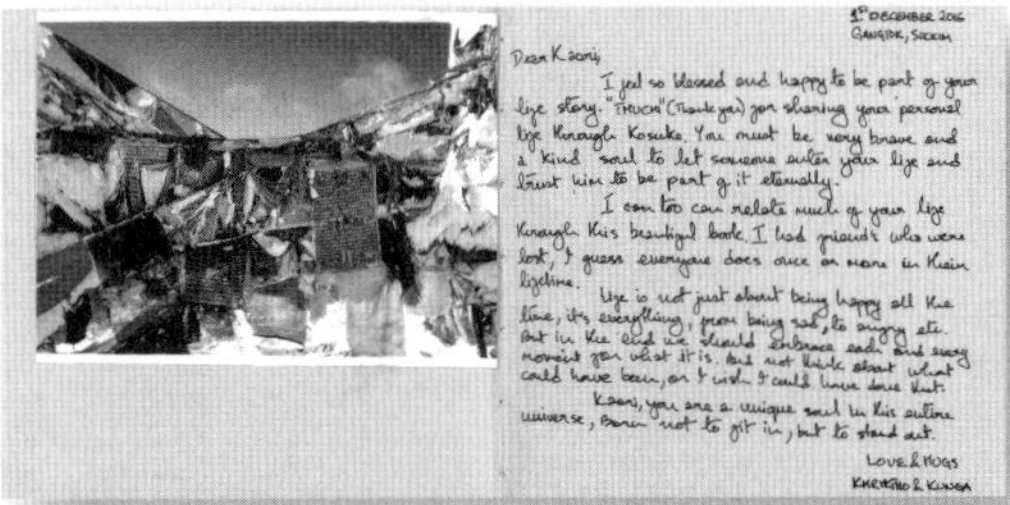

1st DECEMBER 2016
GANGTOK, SIKKIM

Dear Kaori,

I feel so blessed and happy to be part of your life story. "THUCHI" (Thank you) for sharing your personal life through Kosuke. You must be very brave and a kind soul to let someone enter your life and trust him to be part of it eternally.

I am too can relate much of your life through this beautiful book. I had friend's who were lost, I guess everyone does once or more in their lifetime.

Life is not just about being happy all the time, it's everything, from being sad, to angry etc. But in the end we should embrace each and every moment for what it is. And not think about what could have been, or I wish I could have done that.

Kaori, you are a unique soul in this entire universe, Born not to fit in, but to stand out.

LOVE & HUGS
KHEIKTRO & KUNGA

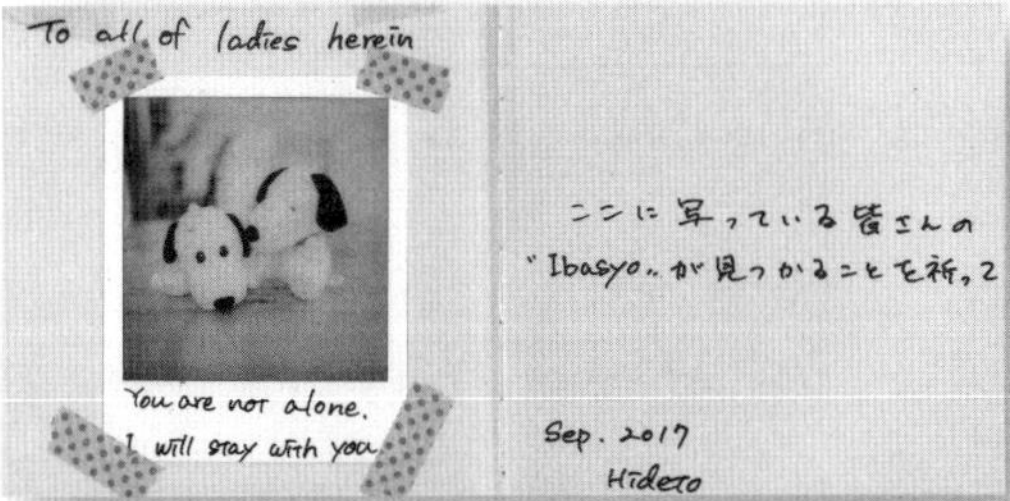

To all of ladies herein

You are not alone.
I will stay with you

ここに写っている皆さんの
"Ibasyo" が見つかることを祈って

Sep. 2017
Hideto

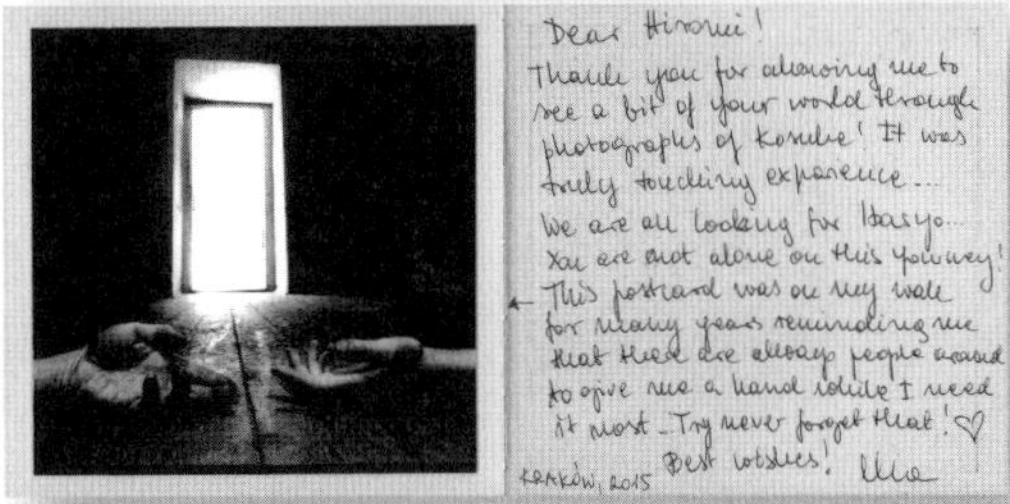

Dear Hiromi!
Thank you for allowing me to see a bit of your world through photographs of Kosuke! It was truly touching experience...
We are all looking for Ibasyo...
You are not alone on this journey!
← This postcard was on my wall for many years reminding me that there are always people around to give me a hand while I need it most. Try never forget that! ♡
Best wishes! Ula
KRAKÓW, 2015

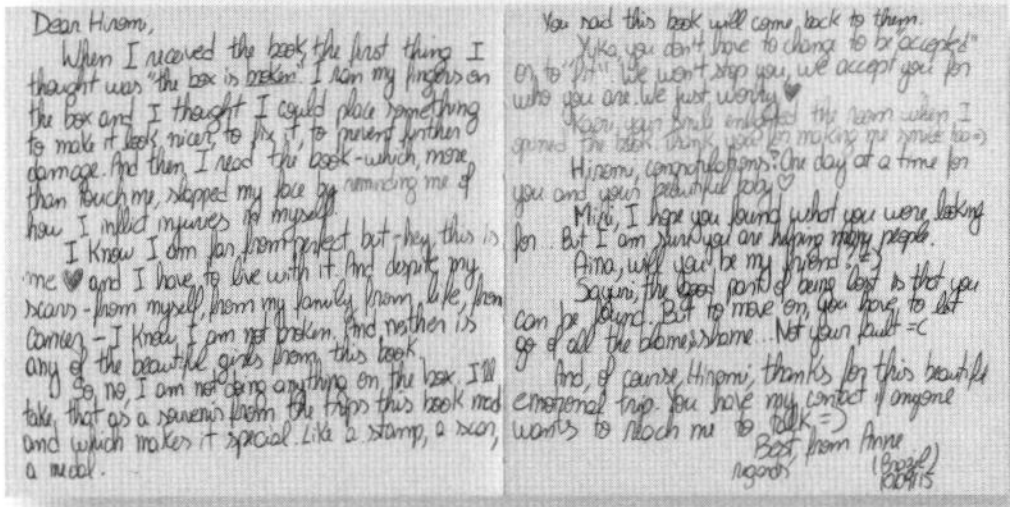

Dear Hiromi,

When I received the book, the first thing I thought was "the box is broken". I ran my fingers on the box and I thought I could place something to make it look nicer, to fix it, to prevent further damage. And then, I read the book - which, more than touch me, slapped my face by reminding me of how I inflict injuries to myself.

I know I am far from perfect but - hey, this is me ♥ and I have to live with it. And despite my scars - from myself, from my family, from life, from coming - I know I am not broken. And neither is any of the beautiful girls from this book.

So, no, I am not doing anything on the box. I'll take that as a souvenir from the trips this book made and which makes it special. Like a stamp, a scar, a medal.

You said this book will come back to them.

Yuka, you don't have to change to be "accepted" or to "fit". We won't stop you, we accept you for who you are. We just worry ♥

Kaori, your smile enlighted the room when I opened the book. Thank you for making me smile too =)

Hiromi, congratulations! One day at a time for you and your beautiful baby ♡

Miki, I hope you found what you were looking for... But I am sure you are helping many people.

Aina, will you be my friend? =)

Sayuri, the good part of being lost is that you can be found. But to move on, you have to let go of all the blames, shame... Not your fault =C

And, of course, Hiromi, thanks for this beautiful emotional trip. You have my contact if anyone wants to reach me to talk =)

Best regards from Anne
(Brazil)
10.09.15

「実は地元のコミュニティラジオ局で番組を持っているんです」
本人曰く、「どうしようもないこと」を喋っているそうなのだが、月に数度、三〇分ほどの番組だそうだ。
今までは気づかなかったが、確かに滑舌もいいし、合っているかもしれない。喋るのはなかなか難しいというが、話を聞くかぎり楽しんでいるようだ。

最初のエピローグを書いてからも随分と時間が経ってしまったが、今でも彼女たちと過ごしたときの景色が昨日のことのように鮮明に思い出される。彼女たちは取材当初「自分を見つめ直したい」と同時に「同じように苦しんでいる人たちの役に立ちたい」と言ってくれた。それは十三年経った今でも皆変わっていないようで、ようやく本にできそうだと改めて連絡すると、みな快諾してくれた。家族ができ、生活が変わった中でも、同じ気持ちでこのプロジェクトに協力してくれていることに、心から感謝している。

実をいうと、もう一人取材をさせてもらっていた女の子がいた。二〇〇五年当時十四歳だった女の子で、最後に会ったのは二〇一一年だった。二〇一二年ごろに電話番号が変わり、メールでも連絡が取れなくなってしまった。その後数年して、彼女の父親に連絡をとることはできたが、何を聞いても「色々とありまして」と言われるだけで、何も話してくれなかった。

以前はそのような態度を取る人ではなかったので、何かあったのかもしれないと思ったが、あまり悪いことは考えたくなかった。本来であれば、彼女の写真とストーリーもこの本に含めたかった。自作の歌を駅前で弾き語りするのが好きで、自宅ではよくCoccoやYuiの歌を聞いていた。両親とも仲がよく、いたって普通に見える家庭で育ったが、学校でのいじめが原因で心を病んでしまった女の子だった。発表することを前提に取材させてもらってはいたが、皆には改めて了解をとってから出版したいと考えていたので、最終的にこの本に彼女のストーリーを含めることは止めることにした。とても残念ではあるが、連絡を取れない以上、無理に世に出すことはできないと判断した。何が彼女に起こったのかは分からないが、どこかで元気に生きてくれていれば嬉しい。

木部ちゃん、ゆか、凪ちゃん、さゆり、ミリ、そしてこの本には載っていないもう一人の彼女、取材中にお世話になった友人たち、貸本プロジェクトに参加してくれた全ての人たち、集英社インターナショナルの高田功編集長、そして工作舎の葛生さん、田辺さん、十三年前には思いもよらなかった多くの人たちによって、このプロジェクトを形にできることになった。ほかにも数えるときりがない人たちがこのプロジェクトを支えてくれた。

そんな人たちの想いも含め、このストーリーが、自傷に苦しんでいる人やその周りにいる人たち、できればこういった話とは無縁な人たちにも届くことを願っている。そしてこの本がこの時代に存在する意味をもってくれたなら嬉しく思う。

最後に、この撮影・取材中にお世話になった以下の方々に、深謝申し上げます。
（順不同・敬称略）
高田功、清水博、高野久美子、桐部雅弘、藤野英明、大和久将志、佐伯剛、小林新保敦子、嶋内佐絵、久保真人、戸渡さおり、松尾裕枝、石森岡原愛、

Mark Rykoff, Marc Prüst, Charlotte van Lingen, Patrick Codomier, Christian Caujolle, Thomas Doubliez, Robert Pledge, Shreeya Sinha, Sheila Zhao, Sohrab Hura, Françoise Callier, Jehsong Baak, Patrick Brown, David Høgsholt, and A.K.Kimoto

二〇一七年十二月

岡原功祐

project. The first aim was to tell the story of these girls. I hope that their stories can serve as a window into the world of those who suffer from self-harm.

All of the girls faced the same challenge of not being able to develop their self-esteem. But, if they knew that other people out there in the world care about them and their stories, then maybe this could be a small step for them to rebuild their self-worth. In a way, at the risk of sounding a bit patronizing, I want the girls to feel that they are important. This is the second aim of the Ibasyo project.

As a photographer, I believe that keeping people informed is important. Through my photography, I am fully committed to accomplish this task. However, another part of me – the ordinary person in me – cannot disagree with what many often accuse photographers of doing: that we make a living by exploiting the pain and suffering of others. Having said that, I still would like to see what I could do for the people I photograph.

I made six copies of hand made books, one for each of the girls. The second half of each book was made up of blank pages. Since 2014, the books have traveled all over the world. More than 300 people have participated in this project. They have written messages, made drawings, and pasted photographs to the girls. The result was more beautiful than what I could have ever imagined, filled with heartfelt messages from people of different nationalities and cultures. What you see in this book, along with my photographs of the girls and their stories, are some of the excerpts from the many messages in the traveling books. I wanted the outpouring of care and support from the readers to serve as a possibility of hope to those who suffer from self-injury, as well as to their family and friends.

There is one girl with whom I have unfortunately lost contact. I was finally able to get a hold of her father. However, when I talked to him on the phone, he said that he no longer wished to talk about his daughter. I wasn't able to figure out why, but I can only hope that she is still alive. This is the reason why I had no choice but to remove her from the book out of respect for her father's wishes.

Lastly, I would like to thank my friend A.K. Kimoto who had given me steadfast encouragement throughout this project. I wish he were still here so that he could have seen the final book.

Kosuke Okahara

For English readers,

One day, I met a girl. She was a student from the college I had graduated from and we became good friends. Out of the blue, she confessed to me that she had been suffering from self-mutilation for many years and could no longer feel "ibasyo". I can best translate this Japanese word as a physical or emotional state where a person can exist and feel comfortable and at peace. Her unexpected and frank admission resonated deeply in me as I have had similar experiences due to frequent incidents of violence in my family during my childhood, causing me to constantly feel afraid of being at home. After this experience with my friend, I started to research self-harm. I learned that while self-injury is taboo and hidden, it is a widespread issue in Japanese society where meticulous perfection and tidiness is the norm.

I discovered websites where people posted about their anxieties, sometimes also photos of their physical scars. Eventually, I found 6 girls who allowed me to be a part of their lives and of their suffering. I spent a lot of time with the girls. They would occasionally call me to say that they overdosed on hundreds of pills, after which I would run to their apartments and call for help. I lived with them for weeks in their tangled lives. As I plunged into their complex reality, I began to get a sense of what they were going through. At times, I even felt that we were finding an ibasyo in each other and through each other by photographing and being photographed.

Domestic violence, rape, and bullying are some of the causes behind self-injury. Deep emotional trauma had robbed the girls' selfesteem. They were not able to engage in normal daily activities due to depression and frequent panic attacks. They were incapable of acknowledging their self-value, thus believing that they were worthless. Harming themselves became a form of self-punishment and eased anxiety as well as relieved stress. This behavior that denies their existence therefore became a way to reaffirm that they do exist. However, upon seeing their scars, the girls would end up despising themselves even more for "doing what they shouldn't be doing." This endless, vicious cycle – just like the Möbius strip – makes it difficult, if not impossible, for them to feel ibasyo.

By 2014, it had already been 10 years since I started this work. I eventually began to reconsider and reflect on my initial aims for this

著者紹介

岡原功祐［おかはら　こうすけ］

1980年東京都出身。早稲田大学卒。南アフリカWITS大学大学院中退。人の居場所を主なテーマに撮影を続け、これまでに『Contact #1』『消逝的世界』『Almost Paradise』『Fukushima Fragments』の4冊の写真集を上梓。2008年度文化庁新進芸術家海外研修制度研修員。2009年には世界報道写真財団が世界中の若手写真家から12人を選ぶ Joop Swart Masterclass に日本人として初選出。Photo District News が選ぶ世界の若手写真家30人にも選ばれる。また2010年には、写真「Ibasyo」でW.ユージン・スミス・フェローシップを受賞。2012年、原発事故後の福島を撮影した作品でゲッティー・グラント、2014年にはコロンビアの作品でピエール&アレクサンドラ・ブーラ賞を受賞。同作品は、ライカ社100周年記念巡回展にも選出された。これまでに東京都写真美術館、クンスタール（ロッテルダム）、ケブランリー美術館（パリ）、C/Oベルリン（ベルリン）、ダイヒトールハーレン（ハンブルク）、バイエルン州立図書館（ミュンヘン）、アネンベルク写真センター（ロサンゼルス）、アパーチャー（ニューヨーク）など、各国の美術館やギャラリーでも作品が展示されている。

kosukeokahara.com
instagram.com/kosukeokahara
twitter.com/kosukeokahara

—

Born in 1980, a native of Tokyo, Kosuke Okahara has been pursuing his theme, “Ibasyo” which, in Japanese, refers to the physical and emotional space where one can exist (it is the title of this book), is the underlying theme in all of Okahara’s projects as a photographer. Author of four books, “Contact #1 –Any Given Day–”, “Vanishing Existence”, “Almost Paradise”, and “Fukushima Fragments”, Okahara has been the recipient of numerous awards and grants including W. Eugene Smith Fellowship, Getty Images Grant, Pierre & Alexandra Boulat Award, PDN’s 30, Sony Awards, Prix Kodak, among others.

Okahara’s work has been widely exhibited in various museums and institutions, including Tokyo Metropolitan Museum of Photography, Kunsthal in Rotterdam, Musée du quai Branly in Paris, C/O Berlin, Deichtorhallen in Hamburg, Bavarian State Library in Munich, Annenberg Space for Photography in Los Angeles, and Aperture Foundation in New York.

Okahara is represented by Polka Galerie in Paris.

He continues to photograph stories that touch him.

Ibasyo［いばしょ］

自傷する少女たち“存在の証明”

発行日——2018年3月30日発行
著者——岡原功祐
写真——岡原功祐
編集——葛生知栄
エディトリアル・デザイン——宮城安総＋小倉佐知子
編集協力——田辺澄江
印刷・製本——株式会社精興社
発行者——十川治江
発行——工作舎　editorial corporation for human becoming
〒169-0072　東京都新宿区大久保2-4-12　新宿ラムダックスビル12F
phone：03-5155-8940　fax：03-5155-8941
www.kousakusha.co.jp　／　saturn@kousakusha.co.jp
ISBN978-4-87502-490-3

ハンセン病　日本と世界　｜ハンセン病フォーラム＝編

加賀乙彦、杉良太郎など国内外で支援活動を行う人々や元患者など、総勢41名が多角的にハンセン病について語り、綴る。中国南部の隔離村を訪ねた岡原功祐のルポも収録。

A5判変型／376頁オールカラー／定価　本体2500円＋税

家族をこえる子育て　｜渥美雅子＝編著

妊娠したけれど育てられない、再婚相手が子どもを虐待……。子どもの可能性を伸ばし成長を見守ってゆく社会のために、30年前から取り組んできた家族問題研究会の成果。

四六判上製／224頁／定価　本体1400円＋税

音楽運動療法入門　｜野田 燎

音楽に合わせてトランポリンで体を動かす楽しさが、リハビリテーションを促し、脳機能の回復へとつながる。自閉症・がんの緩和ケアなどの豊富なケース例とともに紹介。
A5判／232頁／定価　本体2400円＋税

子どもの神秘生活　｜ロバート・コールズ　桜内篤子＝訳

子どもたちは神様を知っている!?　ピュリッツァー賞受賞の児童心理学者が、ホピ族の少女をはじめ、さまざまな境遇の世界の子どもたちの宗教観をフィールドワーク。

四六判上製／376頁／定価　本体3800円＋税

僕はずっと裸だった　｜田中 泯

「私とからだ」は一体である、私はからだの中で生きている——。肉体と対峙し、「踊りとは何か」を問い続けてきたダンサー田中泯が、カラダの内側に眼を向けて綴るエッセイ。
四六判／320頁／定価　本体2300円＋税

周期律　｜プリーモ・レーヴィ　竹山博英＝訳

アウシュヴィッツ体験を持つユダヤ系イタリア人作家の自伝的短編集。アルゴン、水素、亜鉛、鉄……化学者として歩んできた日々を、周期表の元素とからめて語る。

四六判上製／368頁／定価　本体2500円＋税